Hans Küng
– eine Nahaufnahme

Herausgegeben von
Karl-Josef Kuschel und Stephan Schlensog

Piper München Zürich

Mehr über unsere Autoren und Bücher:
www.piper.de

Mix
Produktgruppe aus vorbildlich bewirtschafteten
Wäldern und anderen kontrollierten Herkünften
www.fsc.org Zert.-Nr. GFA-COC-1223

Originalausgabe
Juli 2008

Umschlag: Büro Hamburg. Anja Grimm, Stefanie Levers
Bildredaktion: Büro Hamburg. Alke Bücking, Charlotte Wippermann
Umschlagfoto: Manfred Grohe
Satz: Stephan Schlensog, Tübingen
Papier: Munken Print von Arctic Paper Munkedals AB, Schweden
Druck und Bindung: CPI – Clausen & Bosse, Leck
Printed in Germany ISBN 978-3-492-25334-5

Inhalt

STEPHAN SCHLENSOG

Dem Phänomen Küng auf der Spur

Statt eines Vorworts

Wie macht der Küng das eigentlich? Diese neugierig-bewundernde Frage wurde mir schon Dutzende Male gestellt: nach Vorträgen, in Gesprächen, bei anderen Gelegenheiten. Ja, wie macht Hans Küng das eigentlich, diese Frage ist mehr als berechtigt. Können sich doch Außenstehende kaum vorstellen, was sich hinter dem Phänomen Hans Küng verbirgt, was Hans Küng zu dem macht, was er ist:

– einer der wenigen weltweit beachteten lebenden Theologen, bekannt und respektiert in allen großen Religionen dieser Welt;

– Wissenschaftler aus Leidenschaft mit einem Œuvre, das seinesgleichen sucht;

– Publizist mit einer medialen Präsenz, wie man sie eigentlich nur von Politikern und Medienprofis kennt;

– Vordenker und Visionär, dessen Rat in der Wirtschaft ebenso gehört wird wie in der nationalen und internationalen Politik;

– Präsident einer Stiftung Weltethos, die es unter seiner Führung in den zwölf Jahren ihres Bestehens zu respektablem Ansehen gebracht hat weit über Deutschland, ja Europa hinaus;

– Priester und Seelsorger, stets mit einem offenen Ohr für die Belange jener, die sich Hilfe suchend an ihn wenden;

– engagierter Katholik sein ganzes Theologenleben lang und Hoffnungsträger für all jene, die eine Erneuerung der Kirche wünschen im Geiste des Zweiten Vatikanischen Konzils;

– und schließlich Mensch, auch mit Schwächen, einer der

gern lacht und der die ihm aufgetragenen Aufgaben mit Hingabe und in Dankbarkeit erfüllt.

Ja, in der Tat: Hans Küng ist ein Phänomen. Und viele fragen sich zu Recht, wie all das in einer Person überhaupt zusammengeht, wie Hans Küng »das eigentlich macht«. Doch alle, die hier ein Psychogramm von Hans Küng erwarten, muss ich leider enttäuschen. Auch liegt es mir fern, aus (auto)biographischen Details Deutungsmuster von Hans Küngs komplexer Persönlichkeit zu konstruieren oder ihn gar zu idealisieren: Hans Küng ist kein Heiliger. Er ist ein Mensch mit Höhen und Tiefen, Stärken und Schwächen, an denen es auch für ihn nichts zu beschönigen gibt.

Dieses Büchlein versucht eine »Nahaufnahme« von Hans Küng, versucht, nahe an ihn heranzugehen und ihn aus möglichst vielen Blickwinkeln zu betrachten: mit einer Würdigung seiner Bedeutung für die Universität Tübingen, mit Bildern Küngs aus der Feder von Karikaturisten, mit tiefen Einblicken in sein Denken, sein Œuvre und seine Schweizer Wurzeln, und am Ende sogar mit einem spirituellen Zeugnis von ihm selbst. Was fehlt, ist ein Blick auf den Menschen Hans Küng, auf die Art, wie er jene Dinge tut, die er tut, wie er Projekte und Probleme anpackt und wie er mit den Menschen umgeht, mit denen er arbeitet, die ihm begegnen und ihn umgeben. Darüber möchte ich einige Zeilen schreiben, in der Hoffnung, damit Außenstehenden das »Phänomen Küng« ein wenig näherzubringen, fern aller Idealisierung. Aber natürlich ist es ein subjektiver Blick, zwangsläufig, aus der Perspektive eines Menschen, der seit vierundzwanzig Jahren an Hans Küngs Seite arbeitet und mit ihm in diesen Jahren allerhand Abenteuer, manche Höhen und Tiefen erlebt hat.

Aber wo anfangen? Vielleicht mit jener Situation, die sich bei fast jedem Besuch im Hause Küng abspielt: Zu Beginn oder am Ende des Gesprächs der Blick auf die Bücherregale, die sämtliche Wände in Küngs Wohn- und Arbeitszimmer zieren. Auf einer Seite Hans Küngs eigene Bücher, gut erkennbar an den oft plakativen Buchrücken und Umschlägen, und dann die unvermeidliche Frage: »Wie viele Bücher haben Sie eigentlich geschrieben?« Hans Küng weiß es nicht, jedenfalls nicht genau, und das stimmt wirklich, weil es ihn nicht interessiert. Nicht die Menge ist für ihn entscheidend, sondern, wie er in seinem Dankeswort schreibt, jedes Buch hat für ihn eine je unterschiedliche Gewichtung: nach geistigem Aufwand, nach Reichweite und Tiefgang der Problematik, nach Wirkung und Auswirkung. Hermann Häring spricht in seiner brillanten Werkanalyse von 15.000 Seiten, faktisch sind es, allein in deutscher Sprache, bisher 62 Bücher. Deshalb dann zwangsläufig vom Besucher die nächste Frage: »Wie machen Sie das eigentlich?«, worauf Hans Küng meist etwas verlegen mit den Schultern zuckt.

Was soll er auch sagen? Soll er denn sagen, dass er buchstäblich Tag und Nacht arbeitet? Manche würden ihm dies als Koketterie auslegen. Aber es ist so. Ich habe noch nie einen Menschen erlebt, der seine Zeit so effizient nutzt wie Hans Küng und der zugleich darauf achtet, dass er sich körperlich und geistig fit hält und, dank römischer Disziplin seit seiner Studienzeit, zumindest ein Minimum an Ruhe und Entspannung findet. Überhaupt hat er sein gesamtes Lebensumfeld in einer Perfektion durchorganisiert, die ihresgleichen sucht. Buchstäblich wie das berühmte Schweizer Uhrwerk greift hier alles und greifen hier alle Hand in Hand, die mit ihm arbeiten und die ihn umgeben.

Aber Hans Küng ist kein verbissener Arbeiter. Arbeiten ist sein Hobby, pflegt er gelegentlich zu sagen, und damit hat er recht. Würde er das, was er tut, nicht mit der für ihn typischen Hingabe und Begeisterung tun, dann wäre es in dieser Form sicher nicht möglich. Und wenn es dann Abend wird, das Telefon stillsteht und die Flut der täglich ankommenden Briefe und Mails halbwegs gebändigt ist, dann sieht man ihn oft sitzen: selbstversunken, mit Schreibunterlage, einigen Blatt Papier und einem Bleistift, wann immer möglich auf seiner Terrasse, im Hintergrund klassische Musik. Ganz entspannt, ganz bei sich, schreibt er dann von Hand Zeile um Zeile an Büchern, Artikeln, Vorträgen.

Hans Küng weiß, dass er mit einer außerordentlich guten Konstitution gesegnet ist, für die er freilich mit großer Selbstdisziplin auch viel tut. Eine »Rossnatur« habe er, pflegte seine Mutter früher einmal zu sagen. Sie hatte recht. Mehrere Jahre bin ich mit ihm durch die Welt gereist für Dreharbeiten zu unserem Multimediaprojekt »Spurensuche«. Manchmal fünf oder sechs Wochen am Stück, viele tausend Kilometer wurden dabei zurückgelegt. Hans Küng war immer der, der als Erster frühmorgens beim Frühstück saß, oft hatte er da schon eine halbe Stunde geschwommen, und das Drehbuchmanuskript, tags zuvor bis spät in die Nacht erst korrigiert, war schon wieder völlig überarbeitet. Ob Hitze oder Kälte, mühselige Reisen oder schlechte Quartiere, unfähiges Personal vor Ort oder chaotische Situationen am Drehort: Hans Küng war immer auf dem Posten, hoch konzentriert und ganz bei der Sache, gab den Takt vor, diskutierte mit dem Filmteam Einstellungen, wiederholte seine Statements, wenn es nötig war, auch zum zehnten Mal und war einfach nicht müde zu bekommen. Und während so mancher Fünfzigjährige (und jüngere) mit schwindenden Kräften zu kämpfen hatte, war der fast siebzigjährige Küng immer mit vollem Einsatz dabei. Das ist Hans Küng.

Während dieser Zeit arbeiteten wir auch an der großen Trilogie zu Judentum, Christentum und Islam. Ein Projekt, das von allen Beteiligten, Hans Küng voran, einen sehr langen Atem forderte. Mitten in den Arbeiten, wenn schon einige Kapitel geschrieben waren und noch mehr vor ihm lagen, habe ich ihn oft gefragt, ob er nicht manchmal den Mut verliere, oder einfach die Lust, sich wieder durch Berge von Literatur zu kämpfen, um sich neue, oft sehr komplexe und komplizierte Themen zu erarbeiten. »Eigentlich nicht«, sagte er dann, »denn diese Arbeit macht mir Freude.« Das stimmt. Von Anfang an für mich beeindruckend jene geradezu kindliche Neugierde, mit der sich Hans Küng neuen Themen zuwendet, seine Begeisterungsfähigkeit für Menschen und Ideen aus anderen, oft fremden geistigen und kulturellen Welten und seine Leidenschaft, oft auch kämpferisch, wenn es darum geht, neue Ideen und Denkansätze in die Welt zu tragen, zu vermitteln: Kirchenreform, Ökumene, theologische Grundfragen, interreligiöser Dialog, Paradigmentheorie, Auseinandersetzung mit Literatur, Kunst, Musik und Naturwissenschaften, Weltethos, Friedenspolitik – um nur einige Schlagworte zu nennen; Karl-Josef Kuschel und Hermann Häring bieten in ihren Beiträgen dafür eine Fülle von Zeugnissen.

Dass Hans Küng bei einer solchen Bandbreite an Themen und Werken dann ungern auf »Papstkritiker« oder »Kirchenrebell« reduziert werden möchte, wie auch zu seinem 80. Geburtstag immer wieder geschehen, liegt auf der Hand. Aber er kann damit leben, zumal es ja in der Tat wenige gibt, die es als Einzelne mit so übermächtigen Institutionen wie Papst und katholischer Kirche aufgenommen haben und dies auch noch, allen Unkenrufen zum Trotz, überlebt haben: psychisch, physisch, existenziell. Dass Küng seither der Ruf des »Kämpferischen«, »Streitbaren«, gar »Streitsüchtigen« anhaftet, oft etwas kurzschlüssig mit seiner Schweizer Herkunft (»Wilhelm Tell«) in Verbindung gebracht, ist unvermeidlich. Hans Küng ist kämpferisch, in der Tat, und er steht hin, wenn er von einer Sache überzeugt ist, ohne zu fragen, welchen Preis er womöglich dafür zu bezahlen hat. Aber streitsüchtig ist er nicht, im Gegenteil: Küng ist in großem Maße harmoniebedürftig und nur mit Widerwillen begibt er sich in Kontroversen und Konflikte, dann aber richtig, frei nach Kennedy: Die Konflikte nicht suchen, aber sie gründlich besorgen, wenn sie einem aufgezwungen werden.

Ein Zeitgenosse hat Küng einmal als »publizistische Großmacht« beschrieben. Dies schmeichelt und ist auch übertrieben. Küng kennt seine Grenzen. Aber er denkt strategisch und nutzt mit sicherem Instinkt konsequent und offensiv öffentliche Foren, Presse und andere Medien für jene Anliegen und Themen, die ihm wichtig sind. Deshalb wissen auch Politiker und Wirtschaftsleute weltweit, wofür Hans Küng steht, ohne dass sie allzu viel von ihm gelesen haben. Und weil er diese Foren und Zielgruppen sucht, spricht Hans Küng auch deren Sprache, ist er in der Lage, komplexe Themen wie Weltethos und Wissen über Weltreligionen so zu vermitteln, dass auch Nichttheologen sie verstehen. Nicht zuletzt deshalb suchen so viele Menschen und Organisationen, national wie weltweit, seinen Rat.

Zudem hat Hans Küng das, was man landläufig »Managerqualitäten« nennt. Er führt die Stiftung Weltethos und sein Mitarbeiterteam wie ein kleines Unternehmen und hat den Blick für das Wesentliche und Notwendige. Er schaut auf organisatorische, inhaltliche und strategische Details, fühlt sich dafür umfassend verantwortlich und – manchmal vielleicht etwas zu viel – auf seine Weise zuständig. Hans Küng möchte über alle wichtigen Dinge informiert sein, ihm ist keine Diskussion, sei sie auch noch so speziell, zu viel, er stellt sich bereitwillig sämtlichen Fragen und Problemen und hilft, diese zu lösen. Küng ist nicht jener einsame Wolf, für den ihn manche halten mögen, jenes Alphatier, das einsam um sich kreist und für sich allein seine Entscheidungen trifft. Hans Küng ist ein Team-Mensch. Er braucht Menschen um sich herum, er sucht das Gespräch in kleinen wie großen Fragen, und schon so mancher Plan, so manche auch wichtige Entscheidung musste sich den Einwänden aus dem Mitarbeiterkreis beugen. Hans Küng hat nicht immer recht und will auch nicht immer recht haben. Er ist für alle Gegenargumente offen – wenn sie ihn überzeugen. Und wenn man mit Fragen und Problemen zu ihm kommt, dann hört er bereitwillig zu. Überschwenglich zelebrierte Anteilnahme ist Hans Küngs Sache freilich nicht, er nimmt die Dinge eher ruhig und nüchtern, doch hört er sehr genau zu, auch kritisch, und hilft, wann und wie immer er kann.

Damit bin ich beim ganz Persönlichen angelangt. Hans Küngs Tatendrang und seine Ungeduld haben sich bisweilen schon herumgesprochen. In der Tat gibt er ein großes Tempo vor, verlangt dabei aber von anderen nie mehr als von sich selbst, und möchte, bei der Vielzahl der Dinge, die täglich auf ihn hereinstürzen, am liebsten vieles gleichzeitig erledigt sehen. »Rasch, rasch« oder »avanti« sind Worte, die er täglich benutzt, so wie er, nunmehr achtzigjährig, immer noch mit schnellem Schritt, oft zwei Stufen auf einmal nehmend, zwischen den Stockwerken seines Hauses hin und her eilt.

Umso mehr erstaunt es dann, dass er plötzlich innehalten kann, ganz ruhig wird und sich viel Zeit nimmt. Etwa dann, wenn ihm jemand schreibt, von seinem persönlichen Schicksal berichtet, und Hans Küng ausgiebig darauf anwortet. Viele Briefe, die er einfühlsam beantwortet, hätten andere in vergleichbarer Position, weil nicht zuständig, womöglich zur Seite gelegt. Tief im Herzen ist Hans Küng eben doch jener Seelsorger geblieben, als der er damals sein Theologenleben begann. Für Menschen wollte er da sein, nicht für die Wissenschaft, und das will er noch heute, nur seine »Gemeinde« ist, wenn man so will, mittlerweile in der ganzen Welt.

Und dann wäre da schließlich noch jener schier unerschöpfliche Humor, der Hans Küng auszeichnet und auf den auch Karl-Josef Kuschel am Ende seines Beitrags eingeht. Hans Küng lacht nicht nur gern, sondern er lacht auch viel, und es vergeht kaum ein Tag, an dem uns nicht irgendwelche Sprüche, Witze oder Episoden lachend die Tränen in die Augen treiben. Doch bei all dieser Lebensfreude, bei allen Erfolgen und aller Anerkennung, die Hans Küng zuteil wurden und werden, weiß er nur zu gut, dass ihm dies alles letztlich geschenkt ist. Geschenkt von Gott, dem er sich und all sein Tun verpflichtet weiß. Zu seinem siebzigsten Geburtstag hat er denn auch als Leitspruch aus einem Brief Mozarts an seinen todkranken Vater zitiert; es sind Gedanken, die auch Hans Küngs Lebenseinstellung treffen und die gut und gern aus seiner Feder stammen könnten:

> *»Ich lege mich nie zu Bette ohne zu bedenken, daß ich vielleicht den anderen Tag nicht mehr sein werde – und es wird doch kein Mensch von allen, die mich kennen, sagen können, daß ich im Umgange mürrisch oder traurig wäre. Und für diese Glückseligkeit danke ich alle Tage meinem Schöpfer und wünsche sie von Herzen jedem meiner Mitmenschen.«*

Ich bin deshalb froh, dass wir – mein Freund und Kollege Karl-Josef Kuschel und ich – zu Hans Küngs achtzigsten Geburtstag diese »Nahaufnahme« zustande bekommen haben. Ursprünglich war nur ein kleines Schriftchen geplant: Kuschels Festvortrag zur akademischen Feier zu Ehren Hans Küngs, ergänzt durch eine Auswahl von Karikaturen. Aber dann entstanden im Laufe der letzten Monate viele andere wunderbare Dinge um und über Hans Küng: Hermann Härings hervorragende Analyse von Hans Küngs Werk; zur Geburtstagsfeier dann Kurt Oesterles großartige Collage aus

Küng, Tell, Schweiz und Schwabenland, damals brillant vorgetragen gemeinsam mit dem Schauspieler Michael Heinsohn; Bernd Englers Rede am Festakt über Hans Küng als »Markenzeichen« der Universität und Hans Küngs Predigt vom 27. April 2008. All diese Beiträge haben schließlich dieses Büchlein ergeben. Karl-Josef Kuschels Festrede findet sich hier in einer erweiterten Form, aber im selben Duktus, wie sie bei der Feier gehalten wurde. Und Hans Küngs Dankeswort am Ende dieser Feier, das Wichtiges über ihn und seine Sicht der Zukunft bietet, wollten wir den Leserinnen und Lesern ebenfalls nicht vorenthalten. Dass am Ende auch noch Jörg Zink, jahrzehntelanger Wegbegleiter, Freund und Mitstreiter Küngs für die Ökumene, einen sehr persönlichen und gleichermaßen originellen wie geistreichen Beitrag beisteuerte, war eine besondere Überraschung. Ihnen allen, die zum Gelingen dieses Büchleins beigetragen haben, möchte ich auf diesem Wege herzlich danken.

Mein besonderer Dank gilt schließlich dem Piper Verlag, der sich spontan bereit erklärt hat, diese etwas außergewöhnliche »Nahaufnahme« Hans Küng zu Ehren zu publizieren. Die Zusammenarbeit mit Ulrich Wank (Lektorat) und mit Brigitte Wolff (Herstellung) war einmal mehr überaus konstruktiv und angenehm; beiden sowie der Verlagsleitung danke ich von Herzen.

So wünsche ich schließlich Ihnen, liebe Leserinnen und Leser, viel Freude bei der Lektüre dieses Büchleins. Möge Ihnen diese unkonventionelle »Nahaufnahme« Person, Denken und Werk Hans Küngs aus möglichst vielen, vielleicht auch neuen Perspektiven erschließen!

BERND ENGLER

Hans Küng – »Markenzeichen« der Universität Tübingen

Ein Wort des Rektors

Hohe Festversammlung,
lieber Herr Kollege Küng,

es ist mir eine große Freude, Sie heute so zahlreich anlässlich der Feier zum achtzigsten Geburtstag unseres Jubilars begrüßen zu dürfen. Wie Sie meiner nun wirklich nicht knapper zu haltenden Folge von zu begrüßenden Ehrengästen des Abends entnehmen können, habe ich mich entschlossen, aus purer Not Einzelbegrüßungen zu vermeiden, um den zeitlichen Rahmen der heutigen Festveranstaltung nicht von vornherein zu sprengen. Dass zahlreiche Mitglieder des Bundes- wie auch des Landtages ebenso zugegen sind wie Minister, Staatssekretäre, Regierungspräsidenten, Landräte, Bürger- und Oberbürgermeister, Vertreter der Kirchen, der Wirtschaft und der Verbände freut mich außerordentlich, ehrt die Anwesenheit so vieler Gäste unseren Jubilar doch in besonderer Weise! Seien Sie alle sehr herzlich willkommen und sehen Sie es mir nach, dass ich es bei dieser Kurzversion der Begrüßung belasse und lediglich noch unseren heutigen Hauptredner gesondert begrüße: Seien Sie uns willkommen, lieber Herr Kollege Kuschel!

Der Titel meines Vortrags »Hans Küng – Markenzeichen der Universität Tübingen« dürfte bei manchen von Ihnen Irritationen hervorgerufen haben. Er klingt alles andere als ehrerbietig, scheint dem glanzvollen Anlass der heutigen Feier mitnichten adäquat und einen der bedeutendsten Köpfe dieser Universität zu einem bloßen Werbeträger universitärer Marketingstrategien herabzuwürdigen. Als der Titel erstmals im gemeinsamen Räsonieren mit dem Kollegen Kuschel, dem langjährigen engen Weggefährten Hans Küngs, spontan aufkam, stand er zunächst wohl in Gefahr, genauso schnell wie hervorgebracht auch wieder verworfen zu werden. Ich war der Auffassung, dass die geplante Würdigung unseres verehrten Jubilars eher im hohen rhetorischen Ornat einer feierlich-akademischen Hommage, einer Laudatio auf die herausragenden wissenschaftlichen ebenso wie gesamtgesellschaftlichen Verdienste Hans Küngs erfolgen sollte. Ich ließ mich aber dann doch rasch eines Besseren belehren.

Kollege Küng hatte sich eine kleine Feier gewünscht, fern von aller Steifheit und Lobrednerei. Und heiter solle die Feier sein – und kurz und bündig – und ein Letztes noch – bloß nicht von Grußworten überladen, so seine mahnenden Worte. Alle, die kämen, wüssten ohnedies, wer er sei und wofür er stehe, und wer es noch nicht wüsste, dem müsse nicht unbedingt gerade bei dieser Gelegenheit nachgeholfen werden.

Recht hat er, unser Jubilar: Seine Vita kann man gut und gerne Hunderten von Internetseiten entnehmen, ebenso wie seine unzähligen Ehrungen, die ihm in aller Welt zuteil geworden sind. Zahlreiche Ehrendoktorwürden wurden ihm verliehen, und haben nicht nur ihn geehrt, sondern haben indirekt auch die Universität Tübingen als seine langjährige Wirkstätte ausgezeichnet und in aller Welt als Hort aufgeklärt-kritischen Denkens bekannt gemacht; zahlreiche Verdienstmedaillen und Preise würdigen seine Couragiertheit, aber zuallererst ehrt ihn sein eigenes Werk, seine zahlreichen Schriften, mit denen er unbeirrbar Position bezog, zunächst für den durch das Zweite Vatikanum geweckten Geist der Neuerung und der Ökumene, dann für das den globalen interreligiösen Dialog einfordernde Projekt Weltethos. Neben seinem wissenschaftlichen Werk als Theologe ehrt ihn indes auch sein gesamtes Leben. Es ist ein Leben der streitbaren Positionierung gegenüber Fragen, die die Welt in ihren Fundamenten bewegen. Ich meine hier nicht Fragen wie die nach der Unfehlbarkeit des Papstes oder dem Zölibat, mögen sie auch gewichtig genug und ursächlich für die heftigen theologischen Kontroversen und die 1979 beziehungsweise 1980 von der Glaubenskongregation des Vatikans ausgesprochene Aberkennung der *missio canonica* gewesen sein. Nein, wenn ich davon spreche, dass er Fragen aufgriff, die die Welt in ihrem Innersten bewegen, so meine ich jene Fragen, die sich in den spezifisch theologischen Debatten der 1960er- und 1970er-Jahre lediglich in ersten, aber nicht minder klar konturierten Zuspitzungen artikulierten, ich meine die Fragen nach dem Wesen religiöser Seinsorientierung und den Bedingungen der Möglichkeit ethischer Sinnstiftung, Fragen nach den Grundlagen einer friedlichen Koexistenz der Menschen und einer Versöhnung der noch allzu oft Missverständnisse und letztlich Konflikte perpetuierenden Religionen der Welt.

Der Name Küng steht heute und für uns primär nicht mehr für binnentheologische Debatten, sondern für einen mutigen, unkonventionellen und neuen Horizonten immer aufgeschlossenen Lebensweg, einen Weg, der – eng verbunden mit der Universität Tübingen – sich aus den engen Fesseln des Bemühens um eine unversehens in eine Sackgasse geratene christliche Ökumene befreite und schließlich mit der im Jahre 1990 erschienenen Schrift »Projekt Weltethos« ein Modell für eine alle Weltreligionen umspannende globale Ökumene und ein globales Ethos in den Blick nahm.

Ich habe es geflissentlich vermieden, in den letzten Minuten in Richtung unseres Jubilars zu blicken, hätte ich mir doch nur Signale der Missbilligung zugezogen. Bin ich nicht indirekt und den möglichen Tadel billigend in Kauf nehmend doch in Richtung einer konventionellen Laudatio vorangeschritten? Nun ja, unser Jubilar möge und muss es mir nachsehen: Über Hans Küng zu reden, ohne sich zumindest gelegentlich dem Gestus der Lobrede zu nähern, ist schwer, wenn nicht gar unmöglich. Und so werde ich auch in meinen weiteren Ausführungen nicht umhinkönnen, das Küngsche Gebot der enkomiastischen Mäßigung gelegentlich zu übertreten.

Doch nun – nach diesen einleitenden Worten – zum Titel meiner Rede: »Hans Küng – Markenzeichen der Universität Tübingen«. Nähern wir uns dieser Thematik zunächst mit einem kurzen Blick auf die Berichterstattung zu seinem achtzigsten Geburtstag.

»Hans Küng – der Wilhelm Tell des Katholizismus – [...] einer der bekanntesten Schweizer weltweit« liest man über unseren illustren Jubilar anlässlich der Geburtstagsfeier am 19. März 2008. Die hier gewählte, von scheinbar völlig irrigen Annahmen ausgehende Charakterisierung kann natürlich nur von einem Schweizer Journalisten stammen und unterschlägt ganz und gar, dass die Universität Tübingen *ihren* Professor Küng nur ungern in solcher Weise gewürdigt sieht. Hier in Tübingen kann dergleichen Vereinnahmung des derzeit international wohl berühmtesten Mitglieds der Eberhard Karls Universität natürlich nicht ohne Widerspruch hingenommen werden – und hier in Tübingen titelte man denn auch ganz anders, etwa: »Tübinger Theologe und Bestsellerautor Hans Küng wird achtzig Jahre alt« oder »Vom Kirchenrebellen zum Tübinger Weltethos-Prediger« oder »Hans Küng – Tübinger Visionär und Vorkämpfer für ein neues Weltethos«. Kein Wort von seiner Schweizer Herkunft, die ja auch – wenn man es genau nimmt – schon Jahrzehnte zurückliegt! Hat er der Schweiz nicht schon mit zwanzig Jahren den Rücken zugewandt, als es ihn zum Studium der Philosophie nicht etwa nach Zürich, sondern an die Päpstliche Universität Gregoriana nach Rom zog? Für die Universität Tübingen ist Hans Küng unbestreitbar einer *ihrer* großen Gelehrten – einer jener Denker, die die Reputation der Universität im In- und auch im Ausland wesentlich prägen. Dabei erscheint es – zumindest in Tübingen – höchst irrelevant, dass er nun auch noch gebürtiger Schweizer und damit eben nicht ein veritabler Schwabe ist.

Die völlig ungebrochene Indienstnahme Hans Küngs als einer der großen Denker und Leitfiguren der sogenannten Tübinger Gelehrtenrepublik hat sich freilich erst im Laufe seiner Tübinger Jahre ergeben, nachdem die unzähligen Anfechtungen in der turbulenteren Phase seines Lebens einer weithin unangefochtenen Anerkennung seiner Person und seiner großen Leistungen gewichen waren. Als in den Jahren 1972 und 1973 die Debatten um Küngs Thesen zur Unfehlbarkeit des Papstes hohe Wellen schlugen, war gerade bei ihm kritisch gegenüberstehenden Journalisten weniger vom prominenten Tübinger Theologen Küng die Rede als vom »Schweizer Theologen« oder von dem »in Tübingen lehrenden Schweizer Theologen«, so als ob man sich durch die Betonung seiner »fremdländischen« Staatsbürgerschaft der immer wieder gerügten Aufsässigkeit als einer ja dem eigenen Wesen fremden entledigen könnte, indem man sie implizit zu einer nur den Schweizern zuzuschreibenden Charakterdeformation, zum Wilhelm Tellschen Aufbegehren gegen Obrigkeit macht. Auch wenn der distanzierende Hinweis auf die eidgenössische Nationalität Hans Küngs gelegentlich unterblieb, so fanden sich doch immer wieder Formulierungen, die ihn als einen lediglich in Tübingen Lehrenden bezeichneten, so als hafte er der Universität Tübingen bloß als bedauerliches Akzidens an, von dem man sich jederzeit ohne Verlust essentieller Identität wieder trennen könne.

Seit Mitte der 1970er-Jahre und insbesondere seit dem Entzug der Lehrerlaubnis im Jahre 1980 und der schließlich gefundenen Lösung seines Verbleibens an der Universität Tübingen ist indes eine Wende zu einem uneingeschränkten Bekenntnis der Universität – wie auch der Presse – zu *ihrem* Hans Küng zu vermerken. Eine Welle der Solidarität aus Universität wie auch Stadt stärkte Küng während der quälenden Wochen des Ringens um seinen Verbleib in seinem ursprünglichen Amte in unerwartetem Ausmaß den Rücken. Küng war nunmehr nicht nur Tübinger Professor, die Universität dokumentierte mit ihm als gleichsam beredten Zeugen die von ihr in allen Querelen bekräftigte – und auch weitgehend gelebte – Freiheit der Wissenschaften und den Geist kritischer, sich allen Denkverboten widersetzenden Disputation.

Die Universität sieht sich später – seit den frühen 80er-Jahren – in der regionalen wie nationalen und internationalen Presse oft und wohl nicht ungern mit ihrem »international renommierten Tübinger Theologen Hans Küng« geschmückt und geehrt. An dieser weitgehenden Identifikation der Universität mit Hans Küng einerseits und seiner sich daraus ergebenden Gleichsetzung mit seiner Universität hat sich seit damals wenig geändert, sie wurde eher noch intensiver und ist spätestens mit der globalen Präsenz des Projekts »Weltethos« auch eine internationale Gegebenheit, die zur Strahlkraft der Universität in der Welt maßgeblich beiträgt.

Gibt man sich in Übersee als Professor der Universität Tübingen zu erkennen, kann es einem leicht passieren, sofort auf Hans Küng angesprochen zu werden. »Are you from Hans Küng's university?«, kann man gefragt werden, so als ob die *Eberhardina Carolina* gar schon einen neuen Namenspatron hätte. Von Harvard bis Vancouver, von Oxford bis Hongkong sind Tübingen und Küng nahezu Synonyme, werden gleichsam so sehr in eins gedacht, dass sich einem Rektor mitunter die Frage aufdrängt, ob nicht erste Maßnahmen gegen eine etwas zu einseitige Verengung der universitären Identität von Nöten sind. Doch eine solche Frage ist natürlich nicht einmal eine rhetorische – und schon gar nicht ernst gemeint.

Die Identifikation der Universität Tübingen mit ihrem großen Theologen und Begründer der Stiftung Weltethos rekurriert offenbar auf ein Markenzeichen, das der Universität nicht nur ein menschliches Gesicht, sondern damit auch ein weltweit bekanntes Image verleiht. Es ist das Image einer Universität, die im Geiste einer ethischen Verpflichtung gleichermaßen Ort kritischer Reflexion, Ort des streitbaren Ringens um Wissen und Wahrheit, und eben auch ein Ort des über die Begrenzungen akademischer Existenz Hinausblickens ist, ein Ort, an dem die Wissenschaft als Impulsgeber für gesellschaftlichen Fortschritt und als Garant einer humanen Lebenswelt noch eine tragende Rolle spielt. Hans Küng hat mit seinem Projekt Weltethos die Verantwortung der *universitas scientiarum* für die Bewahrung der Zukunftsfähigkeit der Menschheit in einer globalen Welt angenommen und wichtige Anregungen für den Dialog der Religionen und Kulturen gegeben.

Am Beispiel Hans Küngs und seiner internationalen Strahlkraft zeigt sich damit in aller Eindringlichkeit, wie sehr das Erscheinungsbild und das Renommee einer Universität wie der unseren von ihren herausragenden Vertretern geprägt sind, seien es Denker wie Theodor Eschenburg, Ernst Bloch, Hans Mayer – um nur wenige zu nennen – und heute neben Walter Jens, dem wir es sehr gewünscht hätten, bei dieser Feier dabei sein zu können, zuallererst auch Hans Küng.

Der »Fall« Küng dokumentiert indes auch, wie unvorhersehbar die Entstehung eines sogenannten Markenzeichens im akademischen Kontext ist. Anders als die Attempto-Palme ist Hans Küng nicht als Markenzeichen der Universität offiziell registriert und mit Copyright geschützt. Ohnedies war es

Hans Küng, der die Universität an seinem eigenen Renommee teilhaben ließ – und nicht umgekehrt –, er war es, der die Universität Tübingen in unzähligen »Markenregistern« der öffentlichen Wahrnehmung in aller Welt als *seine* Wirkstätte eingetragen und bekannt gemacht hat. Damit war er und ist auch heute noch immer ein herausragender Botschafter dieser Universität, und zwar nicht *nolens volens*, sondern aus Überzeugung und mit großer diplomatischer Geste – nicht nur anlässlich der Weltethosreden. Nicht ohne Bedacht und für die *Eberhardina Carolina* ein unschätzbares Zeichen der tiefen Verbundenheit hat er dem zweiten Band seiner Erinnerungen *Umstrittene Wahrheit* die Widmung »Der Universität Tübingen – meiner Wirkstätte durch fünf Jahrzehnte in großer Dankbarkeit« vorangestellt und damit deutlich gemacht, wie sehr er den eigenen Lebensweg mit den Geschicken der Universität Tübingen verflochten weiß.

Wenn man der Frage nachspüren will, was Hans Küng mit Tübingen verbindet, so sollte man einen Blick in seine Erinnerungen werfen. Und bei einem solchen Blick wird man sehr schnell feststellen, dass er die »Marke Tübingen«, für die er dann – wenn man so will – sekundär auch als Markenzeichen firmieren konnte, ganz entschieden selbst mitdefinierte. In seinen Erinnerungen ist die Stadt Tübingen und ihre Universität zwar allenthalben weit entfernt von einem puren *locus amoenus*; sie ist Ort einer gedankliche Tiefe ermöglichenden Beschaulichkeit sowie intellektueller Herausforderung, streitbarer Gesprächskultur mit Kollegen in der Fakultät und weit über diese hinaus. Die Universität Tübingen ist Ruhe- und wohl auch Fluchtpunkt im zunehmend internationaler geführten Dialog über Grundfragen menschlicher Existenz und über das in unterschiedlichsten Religionen fassbare Grundethos, aus dem sich die Grundlagen für ein menschliches Miteinander ableiten lassen. Für Hans Küng ist Tübingen mehr als ein bloßer Lebensmittelpunkt, bloße Wirkstätte, die sich beliebig gegen eine andere austauschen ließe. Die Tatsache, dass Tübingen für Hans Küng letztlich Heimstatt wurde und werden konnte, ist gewiss auch Resultat einer Vision, die Hans Küng ebenso sehr selbst prägte und projektiv entwarf, wie er dann selbst von ihr, seiner Vision, geprägt wurde.

Lassen Sie mich ein paar Zeilen zitieren, die die von mir aufgestellte These sinnfällig werden lassen dürften. Ich zitiere aus einer Charakterisierung Tübingens, die schöner, die schmeichelhafter und doch auch humorvoll zutreffender nicht hätte ausfallen können, eine Charakterisierung, die Tübingen als Reich der Freiheit ganz gewiss in einem Zwischenreich von Wunschtraum und Realität ansiedelt und zugleich in bestechender Weise in der uns vertrauten Wirklichkeit zu beheimaten scheint. Die nachfolgenden Zeilen entstammen dem Kapitel »Die freie Luft Tübingens« aus *Erkämpfte Freiheit: Erinnerungen.*

»›Tübingen – Vorhof zum Himmel!‹ Dieses Wort, ich weiß nicht mehr von welchem Theologen geprägt, gilt selbstverständlich nur für Theologen und für die, die noch an einen Himmel glauben. Aber sicher ist, dass ich mich in Tübingen, wenn auch nicht gerade glückselig, so doch rasch zu Hause fühlte. Das liegt zunächst daran, dass Schwaben und Schweizer – auch abgesehen von ihrer gemeinsamen Aufgabe, Hochdeutsch als erste Fremdsprache zu lernen – dieselben Tugenden besitzen: Arbeitseifer, Gewissenhaftigkeit, Ordnungsliebe, Geradlinigkeit, Besonnenheit, Verlässlichkeit, Zähigkeit … Und dieselben Laster: eine gewisse Enge, Zögerlichkeit, Kleinkariertheit, Sturheit … Schon bald empfinde ich das Passieren der nahen Grenze zwischen Deutschland und der Eidgenossenschaft […] nicht mehr als Übertritt in eine andere Welt.«

Selbst die in das Lob eingeflochtene Kritik klingt nach einer Liebeserklärung an Tübingen und seinen freien Geist. In den nachfolgenden Paragraphen zeichnet Hans Küng auch weiterhin ein sehr positives Bild der »Tübinger Gelehrtenrepublik« und auch seiner Fakultät, die »reformoffen, aber nicht profillos« für ihn zu einem »*Ort der Freiheit*« wird, an dem er »vermutlich besser als irgendwo in Deutschland leben und theologisch [frei] atmen kann«.

Die Universität Tübingen als »*Ort der Freiheit*« ist, wie wir feststellen, durchaus ein realer Ort, den wir in einzelnen Punkten wiederzuerkennen vermögen, aber – hierüber sollten wir uns gewiss sein – die Universität ist dann doch auch ein Ort, der vor allem nahe der eidgenössischen Grenze liegt. Diese Grenze ist weniger als Grenze gefasst denn als Berührungsfläche, und die gefühlte Nähe zur Schweiz ist, wie ich glaube, zumindest implizit die emotionale Bedingung der Wahrnehmung Tübingens als eines solchen »Ortes der Freiheit«. Vielleicht hatten die Kommentatoren der 1960er- und 1970er-Jahre doch zumindest partiell recht, als sie Hans Küng einen Schweizer Theologen nannten, der in Tübingen lehrt. Die Bindung an Tübingen ist im Laufe der Jahre gewiss gewachsen, aber Hans Küng ist im Innersten eben doch auch Schweizer geblieben. Und ich meine, das ist gut so.

Bei der privaten Geburtstagsfeier am Tag seines Wiegenfestes, zu der er Freunde und Weggefährten geladen hatte, empfing nicht von ungefähr eine große Schweizer Flagge den Gast, die musikalische Umrahmung hatte eine dezidiert eidgenössisch-alpine Tonalität, und manch kulinarische Köstlichkeit war unverkennbar seiner Heimat geschuldet. Hans Küng hatte an einem Tisch Platz genommen, der nicht etwa eine Nummer trug, sondern bekenntnishaft den Namen eines eidgenössischen Freiheitshelden – Sie wissen sicher, wen ich meine. An diesem »Schweizer Abend« entdeckte man, dass

Hans Küngs Verständnis des Mensch- wie des Christseins in einem Bewusstsein gründet, das das Freiheitsprinzip keiner wie auch immer fundierten Räson der Ein- oder Unterordnung opfert, dass sein Aufbegehren nicht Ausdruck einer oberflächlich-selbstgerechten Rebellion, sondern von Zivilcourage und eines Tellschen Ethos ist.

Meine sehr verehrten Damen und Herren, lassen Sie mich meine Ausführungen mit einigen abschließenden Worten beenden:

Die Universität Tübingen dankt Ihnen, lieber Hans Küng, von Herzen dafür, dass Sie Tübingen als Ihrer Wirkstätte über all die Jahre seit Ihrem Amtsantritt als Ordinarius für Fundamentaltheologie an unserer Katholisch-theologischen Fakultät im Sommer 1960 auch in Zeiten, in denen Ihr Leben gewiss nicht eine »Schönwetterreise« darstellte, die Treue gehalten haben. Und noch mehr dankt Ihnen die Universität, dass Sie so tatkräftig dazu beigetragen haben, die *Eberhardina Carolina* in ihrer nationalen wie internationalen Außenwirkung mit zu definieren: zuerst als Hort der Freiheit der Wissenschaft und eines allein dieser Freiheit verpflichteten Ringens um ein welt- und zukunftsoffenes Christsein, sodann aber auch als geistiges Zentrum des Projekts Weltethos, mit dem Sie Tübingen in aller Welt bekannt gemacht haben.

Die Universität wünscht Ihnen, lieber Herr Küng, auch weiterhin Tatkraft und das nötige Maß an Streitbarkeit, ohne die die von Ihnen angestoßenen Fragen nach den Grundprinzipien menschlichen Zusammenlebens in einer globalen Öffentlichkeit kein Gehör finden, ohne die ein Prozess des Sich-Bewusstwerdens der gemeinsamen ethischen Wurzeln all unserer Religionen nicht angestoßen werden kann. Mögen Sie als eidgenössischer Tübinger noch lange für Ihre Universität wirken.

KARL-JOSEF KUSCHEL

STEPHAN SCHLENSOG

Hans Küng im Spiegel der Karikaturisten

Der Mann, den es an seinem achtzigsten Geburtstag zu ehren gilt, hat viele Gesichter. Welches ist das wahre? Das Leben, das er gelebt hat, besteht aus ungezählten Szenen. Was sollen wir Ihnen erzählen? Die Wahrheit natürlich, wird jeder sagen. Richtig: Die Wahrheit über einen Menschen ist spätestens zu dessen achtzigsten Geburtstag fällig. Deshalb haben wir für diese Stunde auf ansonsten geheimes Material zurückgegriffen, das die Wahrheit enthält. Es wird der universitären Öffentlichkeit Tübingens erstmals zugänglich gemacht. Zum Auftakt fragen wir: Wissen Sie, was »küngeln« heißt? Sie wissen es natürlich nicht. Hier kommt die Aufklärung:

„Nur ein leichtes Grummeln, so ein Küngeln – Kirche von unten!"

Die sich hier auf den Boden neigende Figur ist niemand anderer als Papst Johannes Paul II. Erklärt diese Zeichnung den wahren Grund, warum dieser Papst auf seinen Reisen sich nach der Ankunft in einem Land stets auf den Boden warf? Was als »Kuss« getarnt war, war es in Wahrheit ein Horchen? »Küngelt« es schon in diesem Land? Gibt es sie auch hier: »Kirche von unten«?

Nicht nur »unterirdisch« sind kritische Theologen für Römer störend, auch überirdisch. Sie sind wie lästige Fliegen. Zwei von ihnen hat die Fliegenklatsche schon erledigt: den Österreicher Adolf Holl und den Franzosen Jacques Pohier. Andere sind noch in der Warteschleife. Hans Küng wird es als nächsten erwischen. Entsprechend bekümmert sieht er aus. So der Karikaturist des Wiener *Kurier* am 21. Dezember 1979.

„Sie haben da ein kleines Problem, Hochwürden."

Fliegenklatschen reichen nicht mehr. Hochwürden ist Hans Küng schon in die Eingeweide gefahren. Das verursacht offensichtlich Bauchschmerzen. Man sucht ärztliche Diagnose. Doch immerhin: das Teufelchen Küng trägt professoral korrekt Krawatte. So sieht es der Karikaturist des *Rheinischen Merkur/Christ und Welt* am 1. Februar 1980.

Im Zeichen des Kreuzes

Der Karikaturist des Zürcher *Tagesanzeigers* erklärt uns am 22. Dezember 1979 – auf dem Höhepunkt des Konflikts von Hans Küng mit dem Vatikan –, was »Theoplex« ist: Heftpflaster in Kreuzform, um Theologen den Mund zuzukleben. »Ausgelöscht« werden soll Hans Küng wie die Kerze links nebenan.

„Idiot! I said Küng ... not Jung!"

Dass die Inquisition in den »Verliesen des Vatikan« auch nicht mehr das ist, was sie einmal war, sagt uns diese in der *Irish Times* (Dublin) am 18. April 1980 erschienene Karikatur.

„Sie können wieder runterkommen, Herr Professor, die Verbrennung findet nicht statt!"

Erleichtert stellt der Karikaturist der *Kölnischen Rundschau* im April 1980 fest, dass es auch in der Römischen Kirche »Fortschritt« gibt. Scheiterhaufen werden zwar noch errichtet, aber nicht mehr angezündet. Der Scheiterhaufen wird stattdessen zum Thron, auf dem ein grimmig-grinsend entschlossener Hans Küng mit trotzig verschränkten Armen seine Position behauptet.

Professor Küng wurde vom Vatikan aufgefordert, seine „irrigen Ansichten künftig nicht mehr zu äußern".

Der solcherart Einbandagierte meinte, die Wahrheit, bei wem sie immer liege, werde sich durchsetzen.

Kein weiterer Kommentar. Man beachte nur die kecke Rose. Eingewickelt werden konnte sie nicht ...

David Levine, der große Zeichner, versucht sich 1980 an diesem Porträt. Hans Küngs römischer Kragen ist wie ein zu eng gewordener Ring, eine bedrückende Schlinge, aus welcher der Kopf des »Geistesriesen« wie ein überdimensionaler Pilz herausgewachsen ist. Aber er leidet, dieser unglückliche Hans Küng, die Hände an den zu eng gewordenen Kragen gelegt.

Ein anderer Küng. Der Schädel kantig, trotzig. Die Haare wie Stacheln aufgestellt. Die Augen listig. Um den Mund ein leichtes Lächeln. Ein Schweizer eben. Eine Mischung aus Wilhelm Tell und Vico Torriani. Unverwechselbar. Man beachte die aparte Kreuzchen-Krawatte. Sie gibt es künftig als »Jubiläumskrawatte« im Internet-Shop der Stiftung Weltethos.

So sieht ihn der Karikaturist der *Times* (London) 1987. Hans Küng, der Virtuose der Weltreligionen. Vom Papstkritiker und trotzigen Kirchenrebellen hat er sich im Laufe der 80er-Jahre gewandelt zu einer Mischung aus Guru und vielarmigem Shiva. Will sagen: Was andere bestenfalls nacheinander können, beherrscht Hans Küng gleichzeitig: Christentum, Islam, Buddhismus und Hinduismus.

Das kirchenpolitisch »heißeste« Bild der ganzen Serie, uns auf geheimsten Wegen zugespielt. Es soll während des letzten Konklaves im Kardinalskollegium kursiert sein. Eine unbekannte, aber einflussreiche Gruppe von Kardinälen hatte es »lanciert«. Hans Küng ist deutlich erkennbar, aber zur Tarnung etwas verfremdet: eine Mischung aus Don Camillo und Johannes XXIII. Nachdem dieses Bild auftauchte, wurde in nur vier Wahlgängen panikartig-überstürzt Joseph Ratzinger zum Papst gewählt. Es konnte gar nicht schnell genug gehen.

KARL-JOSEF KUSCHEL

Hans Küng:
Neue Horizonte des Denkens

Sehr verehrter Herr Rektor,
meine Damen und Herren,
lieber Hans Küng!

Wenn ich heute Abend bei diesem großen Festakt das Wort ergreife, so tue ich das vor allem als *Leser,* als – zugegeben nicht unerfahrener – Leser des Werks von Hans Küng, in Stellvertretung gewissermaßen für all die ungezählten Leserinnen und Leser im deutschen Sprachraum und darüber hinaus, die durch dieses in Jahrzehnten gewachsene Werk ein neues theologisches Denken gelernt haben. In Stellvertretung insbesondere für den Kreis von Schülerinnen und Schülern, die bei Hans Küng wissenschaftlich arbeiten lernten. Ich unterziehe mich meiner Aufgabe in der Hoffnung, dem Lehrer ein wenig zurückzugeben von dem, was wir ihm verdanken. Ich könnte auch sagen: Im zweiten Band von Hans Küngs Lebenserinnerungen noch als »Revolutionär aus Bochum« klassifiziert, unterziehe ich mich dieser Aufgabe *heute* in Bewusstsein, nur ein »bescheidener Arbeiter im Weinberg des Herrn« zu sein. Das *könnte* ich sagen. Und ich wäre nicht unglücklich dabei. Aber ein weit Höherer als ich hat mir diese Pointe vor drei Jahren von der Loggia von St. Peter aus bereits entwendet.

Bei den Karikaturen haben Sie sich amüsiert. Unüberhöbar! Aber denken Sie daran: Karikaturfähig zu sein, ist eine ernste Sache. Man muss schon ein markanter Fall sein, um sich der Karikaturisten würdig zu erweisen. Im Fall Küng gelingt etwas Seltenes: Theologische Kontroversen elektrisieren die Öffentlichkeit; ein innerkirchlicher Konfliktfall löst allgemeines Medieninteresse aus. Man spürt: Hier geht es um mehr als um das Problem eines Theologen. Hier steht das Verhältnis von Kirche und Öffentlichkeit auf dem Spiel, von Wissenschaftlichkeit und Gläubigkeit, von Freiheit der Forschung und kirchlichem Gehorsam. Die deutschen Bischöfe haben das ihre dazu getan. Unvergessen der 7. Januar 1980. An diesem Tag lassen die deutschen Bischöfe von allen Kanzeln der Bundesrepublik ein Hirtenwort gegen Küng verlesen. Die Auflage des Druckwerks beträgt 3,5 Millionen ...

Ich könnte es mir nun leicht machen und Sie in lockerer Weise mit weiteren Geschichten von und über Hans Küng unterhalten. Die beiden bisher erschienenen Bände der Lebenserinnerungen gäben Stoff dazu genug. Kennen Sie zum Beispiel die Geschichte vom Papst als Versucher? Sie sollten sie kennen. Oder die vom eingegipsten Kardinal? Nein? Schade! Oder das Gleichnis vom Dachs? Aber das wäre genau die Falle, in die viele tappen, wenn sie sich mit Hans Küng befassen. Man glaubt, ihn schon verstanden zu haben, wenn man seine papst- und kirchenkritischen Statements abgreift, redet er doch wie kaum einer unter den Theologen so »unbefangen, so undiplomatisch, so intellektuell zugespitzt«, wie dem früheren bayrischen Kultusminister Hans Mayer noch jüngst in einer Rezension auffiel. Am liebsten hätte man ihn so:

Jeden Morgen zum Frühstück eine neue Story Küng – Papst, hart oder weich gekocht. Mal wird Küng zum Dogmenzertrümmerer abgestempelt, mal auf den Papst- und Kirchenkritiker reduziert. Kaum ein Zeitungsartikel, der auf solche Stereotypen verzichtet. Man kann dann ja auch das Werk ignorieren und sich geistig nicht weiter in Unkosten stürzen. Beliebt ist auch eine selektive Lektüre, verbunden mit einem Kompliment der vergifteten Sorte: »Ihr schönstes Buch ist ja das von der ›Rechtfertigung‹.« Es ist ja auch alt genug! Stammt vom Ende der 50er-Jahre. Ein Gesamtblick auf das Werk ist überfällig.

Denn in Wahrheit ist Küng nicht nur »unbefangen« und »undiplomatisch«, sondern vor allem anstrengend. Anstrengend im Sinne von geistig anspruchsvoll für Menschen, die sich ernsthaft auf sein wissenschaftliches Œuvre einlassen. Seit 1957 ist es Jahrzehnt für Jahrzehnt gewachsen. In der systematischen Theologie des 20. Jahrhunderts hat es ein eigenes Schwergewicht und ein unverwechselbares Profil. Wer in dieses Werk eintritt, bekommt es mit einer lebendigen Geschichte von über fünfzig Jahren zu tun. Wen hat er nicht alles gekannt, studiert, integriert und kritisiert? Von Karl Barth und Hans Urs von Balthasar angefangen über Karl Rahner und Yves Congar, Joseph Ratzinger und Gustavo Gutierrez, Edward Schillebeeckx und David Tracy. Sie alle spielen in den großen Auseinandersetzungen der letzten Jahrzehnte für Küng eine tragende Rolle. Protestantische Kollegen wie Ernst Käsemann, Jürgen Moltmann und Eberhard Jüngel nicht zu vergessen. In Konsens und Dissens sind sie aus dem lebendigen Ringen um ein ursprungs- und zeitgemäßes Christ- und Kirchesein nicht wegzudenken.

Was macht die Unverwechselbarkeit des Werkes aus? Vieles muss hier ungesagt bleiben. Denn ich muss mich auf *eine* Dimension konzentrieren: die Analyse des denkerischen Profils. Das ist weniger einfach, als es scheint. Nicht die Inhalte der Werke gilt es zu beschreiben, vielmehr den ebenso prekären wie unverzichtbaren Versuch zu machen, an ausgewählten Beispielen einige Bedingungen der Möglichkeit solcher Werke freizulegen: die zeitgeschichtlichen Anstöße einerseits und die erkenntnisleitenden Prinzipien, methodischen Vorentscheidungen und argumentativen Grundfiguren andererseits. Gewiss: Überschneidungen mit anderen zeitgenössischen Theologien sind unübersehbar. Karl Barth? Mit dem Werk dieses größten unter den protestantischen Theologen des 20. Jahrhunderts teilt Küng die Priorität der Christologie für das Gottes-, Menschen- und Kirchenbild. Von Balthasar? Die »Schleifung« der neuscholastischen Bastionen der römischen Kirche ist auch Küngs Programm. Karl Rahner? Die neuzeitliche Wende von der Theologie zur Anthropologie ist auch in Küngs Denken vollzogen. Yves Congar? Von ihm lernt Küng die Wiederentdeckung der Geschichtlichkeit der Ekklesiologie und so die notwendige Begründung einer steten Reform der Kirche von innen. Gustavo Gutierrez? Mit diesem peruanischen Kollegen und Freund, Begründer der Befreiungstheologie, setzt Küng sich für sozialkritische Konsequenzen des Christseins ein – insbesondere in Gesellschaften massenhaft Marginalisierter, Unterdrückter, Ausgebeuteter. Joseph Ratzinger? Mit ihm gemeinsam ist Küng die Liebe zur Kirche und ihrer großen Tradition in Philosophie und Theologie. Und so könnte ich fortfahren und käme doch immer nur zu der einen Pointe: Das Profil der Küngschen Theologie ist ein ganz eigenes. Bei allen Überschneidungen sind Differenzen unübersehbar. Sie analytisch präzise erfassen zu wollen, ist prekär. Analytisch Erhellendes enthält allerdings die erste größere Arbeit zur Werkgeschichte, Hermann Härings Buch: *Hans Küng. Grenzen durchbrechen* von 1998. Viel an Einsichten verdanke ich gerade ihm!

Denken in Komplementaritäten

Seltsam zu denken: Ein in Rom erzogener 29-jähriger Pariser Doktorand aus der Schweiz zeigt 1957 plötzlich – ausgehend vom Werk Karl Barths – durch präzise Quellenstudien: Protestanten und Katholiken sind sich in einer Schlüsselfrage ihrer Glaubensidentität näher als gedacht. In der Lehre von der »Rechtfertigung des sündigen Menschen durch Gottes Gnade allein«. Immerhin für Protestanten der »Artikel, mit dem die Kirche steht und fällt«! Die Wirkungen dieses Buches sind kaum zu ermessen. Auf einmal wird denkbar, dass es zu ökumenischen Annäherungen, Konvergenzen, ja Konsensen kommen kann, zwölf Jahre nach dem Zweiten Weltkrieg, im Spätpontifikat Pius XII., in der restaurativen Stimmung des Adenauer-Deutschlands. Solche ökumenischen Aufbrüche werden durch das fünf Jahre später, 1962 eröffnete Konzil epochal verstärkt. Sie führen sogar – wie im Fall der Rechtfertigungslehre – Jahrzehnte später, 1999, zu konkreten Ergebnissen. Offizielle Repräsentanten des Protestantismus und Roms setzen ihre Unterschrift in Augsburg unter das Dokument »Gemeinsame Erklärung zur Lehre von der Rechtfertigung«. Ungezählte sind zur Feier in Augsburg eingeladen, ernten die Früchte. Der Autor des Buches *Rechtfertigung*, mit dem vieles begann, ist den Kirchenoberen nicht willkommen.

Dieser plötzlich mögliche Konsens kommt nicht von ungefähr. Er ist nicht nur Ergebnis detaillierter historischer Quellenarbeit und geschichtlich präziser Auslegung normativer Texte. Das auch. Genaueste geschichtliche Untersuchungen sind oft genug Motoren von Reformschüben gewesen. Man kann zeigen: Es ist nicht immer so gewesen, wie es heute erscheint. Was sich mit der Aura des Ewigen umgibt, ist in Wirklichkeit eine Konstruktion aus selektiven Traditionen. Das Buch *Rechtfertigung* initiiert also die kritische Arbeit an den Quellen, die aus der Küngschen Grundlagenforschung künftig nicht mehr wegzudenken ist: Auslegungen der Konzilstexte von Konstanz, Trient, Vaticanum I, Vaticanum II, um nur wenige Beispiele zu nennen. Von der Einbeziehung der Ergebnisse historisch-kritischer Schriftauslegung nicht zu reden. Später wird Küng programmatisch fordern: Eine historisch-kritische Exegese fordert eine historisch-kritische Dogmatik. Das hat unmittelbare Wirkungen auf die dann folgenden ekklesiologischen Hauptwerke *Strukturen der Kirche* (1962), *Die Kirche* (1967) und *Unfehlbar? Eine Anfrage* (1970). Viel erfahren in dem, was er das »römische System« zu nennen pflegt, weiß Küng seither scharf zu unterscheiden zwischen der »großen katholischen Tradition«, der er sich verpflichtet weiß, und der Ideologie des römischen Traditionalismus, die er künftig zu entzaubern gedenkt.

Mehr noch: Die Folgen aus dem Erstlingswerk für die Ökumene beruhen auf der Anwendung einer bestimmten Denkfigur. Sie heißt: geschichtlich verhärtete Dualismen von innen her auflösen, Ausschließlichkeits-Behauptungen so weit wie möglich unterlaufen. Das ist De-Konstruktion avant la lettre. Gelingen kann dies nur von einem externen Kriterium her. Für Christen ist dieses Kriterium das Ereignis »Jesus Christus« selber, wie er als der Verkündiger und Verkündigte im Neuen Testament ursprünglich bezeugt ist. Schaut man auf ihn, kann es nicht länger darum gehen, dass Katholiken Protestanten oder Protestanten Katholiken werden. Beide sind vielmehr herausgefordert, jeweils christlicher zu werden. »Ökumene entsteht nicht«, schreibt *Jürgen Moltmann*, »aus einer humanen Einheitsvision, so wichtig eine solche Utopie des Friedens für die Menschheit heute ist, die an ihren Spaltungen zugrunde geht. Nicht Einheit bringt das Heil, sondern Heil schafft Einheit. Ökumene entsteht auch nicht aus einer christlichen Machtpolitik gegenüber dem Staat und der säkularen Gesellschaft, so effektiv die Devise auch ist: ›Geteilt verlieren wir, vereint sind wir stark.‹ Aber nicht die Liebe zur Macht, sondern allein die Macht der Liebe ist christlich und vereinigt. Ökumene entsteht allein dort, dort aber auch weltweit, wo wir uns selbst unter dem Kreuz Christi finden und uns gegenseitig unter seinem Kreuz als Brüder und Schwestern entdecken … Unter dem Kreuz werden nicht Protestanten, Katholiken, Orthodoxe gezählt … Darum entdecken wir uns unter dem Kreuz Christi zugleich als Kinder der gleichen Freiheit Christi und als Freunde derselben Gemeinschaft des Geistes« (»Ökumene unter dem Kreuz«, in: J. Moltmann, *Neuer Lebensstil. Schritte zur Gemeinde*, München 1977, S. 98f.).

Was meint »evangelische Katholizität«?

Diese für mich unvergessene Passage aus dem Werk von Jürgen Moltmann drückt exakt das aus, was Küng in seinem Buch *Christ sein* schon 1974 vorgedacht hat. Hier benutzt er erstmals die Formel von der *»evangelischen Katholizität«*. Der evangelische Theologe *Rolf Becker* hat zur Genese und Rezeption dieses Begriffs eines der interessantesten Bücher zur Küngschen Theologie geschrieben: *Hans Küng und die Ökumene. Evangelische Katholizität als Modell* (1996). Im Kern gemeint ist: Konfessionalismen verschwinden nicht einfach, auch in Zukunft nicht. Das wäre ungeschichtlich gedacht. Sie müssen aber auch nicht verschwinden, sie können sich wandeln zu komplementär sich ergänzenden Grundhaltungen des Christseins. Bei Küng wörtlich:

»Richtig verstanden schließen sich ›katholische‹ und ›evangelische‹ Grundhaltung keineswegs aus: Heute kann auch der gebo-

*rene Katholik wahrhaft evangelisch gesinnt und auch der geborene Protestant wahrhaft katholisch gesinnt sein, so dass bereits jetzt zahllose Christen in aller Welt – trotz der Widerstände in den kirchlichen Apparaten – faktisch eine vom Evangelium her zentrierte, ›evangelische Katholizität‹ ... leben, kurz: eine echte Ökumenizität realisieren.« (*Christ sein*, München 1974, S. 493f.)*

Mit solchen Sätzen macht einer vor: Für ewig gehaltene Antithesen haben nur so lange Gültigkeit, bis jemand eine neue Ebene der Argumentation betritt und sich damit als ein Mann zwischen den Fronten erweist: vermittelnd, wo andere in Gräben bleiben, Übereinstimmung suchend, wo die Tradition auf Trennung besteht. Ein Versöhner, kein Versöhnler, gerade weil er – durch Grundlagenforschung legitimiert – den Satz verantworten kann: »Die kirchentrennenden Differenzen sind theologisch gelöst, die noch nicht gelösten sind nicht mehr kirchentrennend.« Seine theologische Grundlagenforschung – ob in Sachen Papsttum, Frauenordination, Gültigkeit protestantischer Ämter und Abendmahls-Feiern – hat Küng in den Dienst der Ökumene gestellt – im Wissen: Ohne innere Reformen der Kirchen keine Aufhebung der Kirchenspaltung.

Das ging nicht ohne Konflikte ab. Der schärfste bricht aus, als Küng 1970 das Dogma von der päpstlichen Unfehlbarkeit theologisch zu überprüfen wagt. Was folgt, ist eine Debatte von beispielloser innerkirchlicher und ökumenischer Wirkung. Der Preis ist hoch: Die Unfehlbarkeitsdebatte spaltet die katholische Reformtheologie nach dem Konzil und isoliert den Kritiker. Fataler noch ist eine Ausgrenzung dieser Grundsatzdebatte aus einem innerkatholisch noch legitimen Diskurs. Karl Rahners damaliges Wort über den künftigen Umgang mit Küng wie mit einem »liberalen Protestanten« wirkt verheerend. Seither ist die Anfrage an die beiden Papst-Dogmen innerkatholisch tabu und damit die Rückfrage an eine Verfassungsgestalt der katholischen Kirche, die seit dem 11. Jahrhundert, seit Gregor VII., als eine hierarchisch-zentralistisch-papalistische beschrieben werden muss – rechtlich-dogmatisch zementiert. Küng hat diese Gestalt in *Das Christentum* von 1994 schonungsloser und schärfer als andere in ihren Stärken und Schwächen analysiert. Ich sehe nicht, dass die hier aus der Schrift und aus der Tradition des 1. Jahrtausends begründeten Anfragen in heutiger katholischer Ekklesiologie ernsthaft auch nur diskutiert würden, ungeachtet aller bewundernswerten Bemühungen um eine – auch von Tübingen ausgehende – Volk-Gottes- und Communio-Theologie. Im Gegenteil: Die letzten dreißig Jahre Papstgeschichte mit ihrem global-medial revitalisierten Papalismus haben solche ökumenischen Neuansätze im Geiste des Konzils so gut wie verdrängt.

Dabei wissen Kenner doch: Ohne eine Reinterpretation und Rerezeption der beiden Papst-Dogmen des Ersten Vatikanischen Konzils (Jurisdiktionsprimat und Unfehlbarkeit) ist Ökumene mit Wittenberg, Genf und Konstantinopel nicht zu haben. Es sieht gegenwärtig in Rom nicht so aus, als wolle man sie überhaupt. Stattdessen hat Rom unter Verantwortung von Joseph Ratzinger die protestantischen Kirchen in jüngster Zeit in einer nicht mehr für möglich gehaltenen dogmatischen und juristischen Kälte zurückgestoßen als »nicht im eigentlichen Sinn Kirche« – gegen Geist und Vermächtnis des Konzils. Wir hier in Tübingen haben – initiiert von Hans Küng, Ernst Käsemann und Hermann Diem in den 60er-Jahren – in vier Jahrzehnten ein ökumenisches Beziehungsniveau aufgebaut, auf das wir stolz sein können. Es ist kostbar und fragil zugleich. Wir sollten es verantwortlich hüten. Niemand sollte die beiden Fakultäten gegen Rom ausspielen und so ökumenisch Misstrauen säen. Wir hier in Tübingen haben einen ökumenischen Ruf zu verlieren.

Die Lebenserinnerungen Küngs, insbesondere der erste, die Konzilszeit umfassende Band *Erkämpfte Freiheit*, sind deshalb *auch* als Trauergeschichte zu lesen über einen Verrat an Geist und Vermächtnis des Konzils in den Jahrzehnten danach. Zugleich aber als Manifest der Hoffnung. Sie halten noch einmal fest, ja beschreiben, stellenweise beschwörend, stellvertretend für ganze Generationen von Theologinnen und Theologen, welche Vision von einer im Geiste Jesu erneuerten geschwisterlich-ökumenischen Kirche man durch das Konzil und nach dem Konzil für möglich hielt. Wofür hatte man theologisch gearbeitet? Wofür sich eingesetzt? Wofür gegen klerikale Widerstände gekämpft? Und was ist daraus geworden? Was ist verhindert, ausmanövriert, abgewürgt worden? Zugleich aber gilt: Wie zerschlissen und zerredet auch immer – die »Träume der Jugend« sind nicht verraten! Sie sind aber auch mehr als Träume geblieben. Ekklesiologisch liegen im Werk von Küng fundierte und *deshalb* selbstbewusst vorgetragene ökumenische Alternativentwürfe vor!

Denken in Geschichte und Geschichten

Der tiefere Grund dafür? Der tiefere Grund für dieses Selbstbewusstsein liegt darin, dass Küng Theologie schon früh als ein eigenes »Charisma« in der Kirche begreift. Autorität bekommen Theologen in einer Universität selbstverständlich durch akademische Qualifikationen, die höchsten wissenschaftlichen Standards genügen müssen. Ihre Autorität in der Kirche wird von woanders her begründet. Küng zieht dafür schon in seinem Buch *Die Kirche* (1967) die Charismenlehre des Apostels Paulus heran. Ihm zufolge hat Gott in der Kirche »die einen als Apostel eingesetzt, die anderen als Propheten, die dritten als Lehrer« (1 Kor 12,28). Es ist also weder die

Nachfolge der Apostel noch die der Propheten, wohl aber die Nachfolge der Lehrer, die Theologen beanspruchen dürfen. Und mit Paulus dürfen sie im Konfliktfall durchaus rückfragen: »Sind denn etwa *alle* Lehrer?« (1 Kor 12,29) Theologie hat somit ihr eigenes Charisma und damit ihre eigene Autorität. Das macht sie fähig, anderen Autoritäten in der Kirche unter Umständen zu widersprechen. Spannungen zwischen dem pastoralen Lehramt der Kirchenleitungen und dem wissenschaftlichen Lehramt des Theologen sind somit nicht bedauerliche Kollateralschäden, sondern einem solchen charismatischen Verständnis von Theologie immanent. Sie sind unvermeidlich. Die Auslegung des Ereignisses Jesus Christus ist innerkirchlich nur in solchen Spannungen zu haben. Warum? Er selber, der gekreuzigte und erhöhte Herr, ist die größte Unruhe in Theologie und Kirche.

Diese Figur des im Ereignis Jesus Christus gegründeten, beunruhigten, komplementären Denkens prägt seither das theologische Œuvre von Küng und speist die Vision von einer anderen, ursprungs- und zeitgemäßeren Kirche. Sie hat Konsequenzen für die Aufarbeitung der klassischen ökumenischen Kontroversfragen *und* für den Dialog der Religionen. Das Buch *Christ sein* (1974) stellt die Weichen. Es denkt einerseits nicht mehr konfessionalistisch, sondern von vornherein ökumenisch. Die hier verhandelten Fragen von Identität und Weltverantwortung betreffen alle Christen. Es denkt andererseits bereits »meta-ökumenisch« (H. Häring): Der Welt des Säkularismus und der Welt der Religionen ist weder mit Pochen auf »katholisch« oder »protestantisch« noch mit einem Beschwören des gemeinsam »Christlichen« beizukommen. Man muss tiefer ansetzen.

Dem Buch voraus geht die Zäsur des Jahres 1968 und damit geistig-intellektuell im Westen die Dominanz neomarxistischer oder neorationalistischer Weltinterpretation. Philosophie im Geiste der Frankfurter Schule und des Kritischen Rationalismus beherrscht die Szene. Religion? Sie steht generell unter Ideologieverdacht. Passé et depassé! Man macht sich heute zu wenig klar, mit welchen Herausforderungen Theologie sich damals konfrontiert sieht. Vorbereitet ist sie darauf kaum. Wer »immer noch« Christ sein will, muss sich wie nie zuvor rechtfertigen. Man ist in einer vorher nicht gekannten kulturellen und intellektuellen Defensive. »Was ist die christliche Botschaft?« – so ein für die Zeit typischer Vortragstitel Küngs aus dem Jahr 1970. So aber fragt man nur dann, wenn nicht mehr *evident* ist, was das eigentlich sein soll: die »christliche Botschaft«. 2000 Jahre Christentum hin oder her – gefragt werden muss ganz neu. Die alten Antworten reichen nicht mehr.

Neue Legitimation des Christlichen aus den Ursprüngen heraus ist die Devise der Stunde. Zum komplementären tritt bei Küng ein geschichtlich verantwortetes und narrativ entfaltetes Denken. Ein geistig dramatischer Vorgang. Ich werde unmittelbar dessen Zeuge, als ich Anfang der 70er-Jahre als Student nach Tübingen komme und Mitarbeiter im Institut für Ökumenische Forschung werde. Theologie als »Laboratorium des Geistes«: Das fasziniert uns, das hält mich und andere bei der Theologie. Neu einsetzen bei der Gestalt des geschichtlichen Jesus selber. Das überzeugt bis in die säkulare Kultur hinein. Das inspiriert zum Beispiel meine Studie zur Figur Jesu bei zeitgenössischen Schriftstellern, als Dissertation von Hans Küng angeregt.

Gerade auch Walter Jens, der Nachbar, Freund, später Partner Hans Küngs bei zahlreichen Studium-Generale-Vorlesungen, hatte hier als Schriftsteller Zeichen zu setzen begonnen: mit seiner 1972 unerwartet vorgelegten Neu-Übersetzung des Matthäus-Evangeliums, versehen im Titel mit einem programmatischen Bloch-Zitat: »Am Anfang der Stall, am Ende der Galgen: Jesus von Nazareth«, sowie mit seinem drei Jahre später, 1975, publizierten Roman *Der Fall Judas*, bis heute einer der wichtigsten Jesus-Romane der deutschsprachigen Literatur nach 1945. Es ist mir ein Anliegen, am heutigen Abend auch Walter Jens' zu gedenken. Er kann nicht mehr unter uns sein. Ich erweise ihm für sein großes Werk als Literat und Philologe, aber auch für sein Wirken als brillanter Lehrer an unserer Universität meinen tiefen Respekt.

1974 erscheint das Buch *Christ sein*. Mir und ungezählten Leserinnen und Lesern wird auf befreiende Weise klar: Leben in der Nachfolge Jesu? Es braucht die gesellschaftliche Relevanzfrage nicht zu fürchten. Den Ideologieverdacht? Ihn kann man an eine verweltlichte, verflachte Konsum- und Spaßgesellschaft zurückgeben. Ich vergesse nie, wie Küng 1970 mit uns Studierenden im Seminar Kurzformeln des Christseins durchdiskutiert. Den Test besteht diese Formel:

»In der Nachfolge Jesu Christi
kann der Mensch in der Welt von heute
wahrhaft menschlich leben, handeln, leiden und sterben:
in Glück und Unglück, Leben und Tod
gehalten von Gott und hilfreich den Menschen.«

Jedes Wort war zehnmal umgedreht, geprüft, verworfen und wieder neu integriert worden. Die Formel bildet nicht zufällig den Abschluss von *Christ sein*. Eine Kurzformel, die sich in Küngs langem Leben bewährt hat. Auch in dem meinen und in dem ungezählter anderer.

Dabei kennt Küng die Größe klassischer Christologie wie kaum ein anderer schon aus römischen Studienjahren. Ihre komplizierte Begrifflichkeit (Zwei-Naturenlehre, Trinität) im Gewande eines uns heute fremden hellenistisch-metaphysischen Denkens beherrscht er präzise. Er kennt auch die spekulativen Revitalisierungsversuche einer solchen Christologie bei Hegel, Barth und Rahner. Aber er durchschaut mit anderen, je länger desto klarer, ihre Ungeschichtlichkeit, ihre mangelnde biblische Fundierung. Das Dogma hatte die Geschichte aufgesogen. Das Ernstnehmen der Ergebnisse historisch-kritischer Jesusforschung – nicht zuletzt unter Berufung auf den evangelischen Neutestamentler Ernst Käsemann hier in Tübingen – zwingt ihn zum Umdenken. Sie macht ihn fähig, die Sterilität neuscholastischer Dogmatik ebenso hinter sich zu lassen wie die spekulative Überkomplexität einer Barthschen Dogmatik. Sie bewahrt ihn vor dem Trugschluss, die Christologie des altkirchlich-hellenistischen Paradigmas schon im Neuen Testament zu finden. Dogmatische Vorentscheidungen diktieren hier nicht länger das Jesusbild. Christologie wird bei Küng wieder neu, was sie ursprünglich einmal war: eine Suchbewegung unter der Leitfrage: Wer ist dieser? Welchen Gott verkündet er? Was macht sein in Gott begründetes Geheimnis aus? Zum komplementären tritt das geschichtlich verantwortete Denken, narrativ-dramatisch entfaltet.

Was gewinnt man, wenn man so zu denken beginnt? Wenn das geschichtlich Verantwortete zu einem narrativ-dramatischen Denkstil führt, weil man von einer so »beunruhigenden« Gestalt wie der des Nazareners in Bann geschlagen ist, von den Konflikten einer Geschichte auf Leben und Tod? Wenn man diese Gestalt durch ein doppeltes Koordinatenkreuz zu verstehen sucht: durch das der vier innerjüdischen Gruppen zur Zeit Jesu und das der maßgebenden Gestalten der Religionsgeschichte. In solch doppelten Koordinatenkreuzen systematisch-theologisch zu denken ist damals neu und intellektuell aufregend zugleich. Man wird aufgefordert nicht nur zum Glauben, sondern auch zum Verstehen. Das Judesein Jesu rückt ins Zentrum wie nie zuvor in der Geschichte christlicher Theologie. Man gewinnt Erkenntnisse durch Vergleiche und stößt für die eigene Glaubensentscheidung auf

Grundfragen, die noch keineswegs von vornherein beantwortet sind: Was folgt aus dem Judesein Jesu für das Verhältnis von Juden und Christen heute, für ein am Juden Jesus orientiertes Christus- und Gottesverständnis? Was heißt Nachfolge heute, wenn derjenige, auf dessen Namen jeder Christ verpflichtet ist, weder wie die Essener ein klosterähnliches Wüstenleben mit Rückzug aus der Welt gefordert noch wie die Zeloten den politischen Aufstand gegen die Herrschenden propagiert noch wie die Sadduzäer den Priesterdienst am Tempel empfohlen hat oder wie die Pharisäer durch geschickte Gesetzesauslegung die religionsgesetzliche Ordnung unangetastet ließ? Was folgt daraus für ein heutiges Christsein, wenn er weder Mönch war noch Revolutionär, weder Priester noch Theologe? Was bedeutet das für den Status von Theologie, Priestertum, Mönchtum und Politik überhaupt?

Die innere Rationalität des Gottesglaubens

Dasselbe gilt für die Frage nach Gott. Was in *Christ sein* angedeutet wird, wird im Buch *Existiert Gott?* von 1978 aufgenommen und durchgearbeitet: eine Auseinandersetzung mit der Religionskritik der Moderne. Küng hat auch hier das richtige Gespür. Im Jahr 1978 ist für eine solche Auseinandersetzung höchste Zeit. Wie aber von Gott reden, wenn einem der Wind der Ideologiekritik scharf ins Gesicht bläst, wenn die Religionskritik der Moderne nicht einfach argumentativ widerlegt werden kann? Die reine Vernunft stößt hier bekanntlich an ihre Grenzen. Dies gilt für das Ja, aber auch für das Nein zu Gott. Eine begründete Entscheidung ist verlangt, denkerisch verantwortet. Küng prägt dafür eine ungewöhnliche Wortkombination: Ein Ja zu Gott als Akt eines *vernünftigen* Vertrauens. Das ist das Gegenteil von irrationaler oder emotionaler Gläubigkeit. Man muss schon Gründe für den Gottesglauben haben, weiß aber zugleich stets um das Angefochtene, Riskante, nie Abgesicherte dieser Entscheidung. Der Glaube an Gott kann nicht bewiesen werden, wohl aber kann man für ihn gute Gründe haben. Er ist aufweisbar in seiner inneren Rationalität.

Zumal Küng in *Existiert Gott?* noch einmal radikaler ansetzt. Nicht nur das Ja oder Nein zu Gott, schon das Ja oder Nein zur Wirklichkeit muss reflektiert werden. Das geschieht in einem der intellektuell aufregendsten Kapitel, das es im Werk von Hans Küng gibt: das Kapitel über Friedrich Nietzsche in *Existiert Gott?*. Schonungsloser als andere lässt sich Küng auf die Herausforderungen des Nihilismus ein: auf eine mögliche Radikalnegation von Sinn und Ziel aller Wirklichkeit. Eine Grundoption des denkenden Menschen, die er »unwiderlegbar, aber auch unbewiesen« nennt. Aber erst wenn man im »Streit um die Grundgewissheit« die Fragen von »Grundmisstrauen oder Grundvertrauen zur Wirklichkeit« in aller Konsequenz durchdenkt, wenn man die Abgründigkeit völliger Sinn- und Ziellosigkeit der Wirklichkeit gelten lässt, weiß man überhaupt erst, was man behauptet, wenn man wie Küng »Grundvertrauen« als Schlüsselkategorie allen Verhältnisses zur Wirklichkeit ansetzt und dieses Grundvertrauen auch noch zur *Basis* von Wissenschaft, Ethik und religiösem Glauben macht.

Einmal durchdacht, trägt Küng diese Konzeption der universitären Öffentlichkeit mit argumentativer Präzision und theologischer Leidenschaft vor: 1977 bei der Feier zum 500-jährigen Jubiläum der Universität Tübingen. Von der Kanzel der Stiftskirche aus, vor versammelter politischer, gesellschaftlicher und universitärer Prominenz, hält er den Vortrag zum Thema »Wissenschaft und Gottesfrage«. Wer ihn kennt, weiß, dass er selber dies nicht nur für ein kühnes, sondern für ein tollkühnes Unternehmen gehalten hat. Aber: Die Gottesfrage ist im Raum der Wissenschaft neu präsent.

Mehr noch: Religionskritisches Denken nimmt Küng auch dadurch ernst, dass er auch hier Stilfiguren der Narrativität anwendet. Das Drama des Gottesverlustes wird von ihm in konkreten Lebengeschichten gespiegelt: angefangen von Descartes und Pascal bis Nietzsche und Freud. Küng trägt damit der Tatsache Rechnung, dass der Gottesverlust in der Regel Ergebnis von Lebensgeschichten ist, von Lebenskrisen, Lebensbrüchen. Indem Küng die Lebengeschichten eines Feuerbach, eines Marx oder Nietzsche mit Liebe zum Detail nacherzählt, liefert er zugleich Spiegelgeschichten, in denen sich ungezählte Zeitgenossen mit ihren Fragen an traditionelle Gläubigkeit wiedererkennen. Spiegel und Fenster zugleich. Denn Küng will *auch* die Selbsttäuschungen einer atheistischen Grundoption durchschauen helfen, die sich ihrer Ungläubigkeit allzu sicher ist und für »wissenschaftlich« bewiesen hält, was ebenfalls »Glaubensentscheidung« ist. Geschichtlich-narratives Denken also auch hier. Wer erzählt, weiß um die prinzipielle Unberechenbarkeit und Unausdeutbarkeit von Lebensgeschichten, hat also Verständnis für Lebensbrüche und neue Lebensentscheidungen. Moralismus ist solchem Denken fremd.

Die literarische Formentscheidung, in *Existiert Gott?* lebensgeschichtliche Zusammenhänge zu erzählen, ist somit Ausdruck eines solidarischen Krisenbewusstseins, das zu einem denkerisch verantworteten Ja zu Gott einladen will. Man spürt es bei dieser Art theologischen Denkens, dass es nicht verfügt über das, was es bedenkt, dass es nicht als Objekt hat, wovon es Zeugnis gibt, dass es wegweist von sich in ein Geheimnis, in das letztlich keine Sprache reicht. Hier habe ich gelernt: Guter Theologie sieht man schon sprachlich-erzählerisch ihren Bewegungscharakter an, ihr Bedrohtsein, ihr Risiko! Gute Theologie lässt begreifen, dass man Gott nie

»hat«, dass man im Denken nie »angekommen« ist. Und dies schon deshalb nicht, weil auch die verschiedenen Gottesbilder in den großen Religionen zu einer neuen Auseinandersetzung herausfordern.

Dialogpaarungen herstellen

Die Orientierung an einer geschichtlichen Figur ist auch ein Gewinn für den Dialog der Religionen. Küng macht (mit anderen in dieser Zeit) Schluss mit der Reduktion katholischer Religionstheologie auf eine Spezialfrage der Soteriologie: Können Nichtchristen das Heil erlangen? Die lang traktierte Frage kann er – sogar unter Berufung auf Dokumente des Zweiten Vatikanischen Konzils – ein für alle Mal als positiv beantwortet abhaken, nur um sich der ungleich spannenderen Frage des Vergleichs der großen Stifterfiguren zuzuwenden. Die grundsätzlich positiv beantwortete Heilsfrage dispensiert ja nicht von der mühseligen Unterscheidung der Geister. Um sie durchzuführen, macht Küng auch Schluss mit der Abkapslung der Theologie von der Religionswissenschaft. Praktiziert wird ein wechselseitig sich erhellendes, kritisch-selbstkritisch arbeitendes Verhältnis von Theologie und Religionswissenschaft – zur Unterscheidung der Geister. Nicht alle religiösen Wege kann man gleichzeitig gehen. Die Stifter der großen Religionen schicken Menschen auf einen je anderen Lebensweg. Dass man sich für »Christsein« entscheidet, muss neu begründet werden – angesichts anderer religiöser Optionen. Dafür braucht man auch die Erkenntnisse der Religionswissenschaft. Die neue Aufgabe der Theologie lautet: Das Eigene dem argumentativen Vergleich aussetzen. Das Eigene jeweils im Spiegel des Fremden reflektieren und so neu legitimieren. Ein solcher Selbstanspruch christlicher Theologie ist die notwendige Reaktion auf eine komplexer gewordene Welt, die man Mitte der 70er-Jahre überhaupt erst wahrzunehmen beginnt.

Eine vertiefte Auseinandersetzung mit den großen Religionen der Welt ist fällig. Das geschieht bei Küng erstmals in dieser Form in *Christentum und Weltreligionen* (1984). Das Buch dokumentiert Dialogvorlesungen an der Universität Tübingen zusammen mit Josef van Ess (Islamkunde), Heinrich von Stietencron (Indologie) und Heinz Bechert (Göttingen; Buddhologie). Neben europäischer Philosophie kommt nun auch die Philosophie Asiens in den Blick. 1984 ist die Stunde dafür. Eine als religiös plural wahrgenommene Welt fordert von christlicher Theologie nochmals eine neue Stufe komplexen Denken. Jetzt muss wie nie zuvor bis ins Detail geklärt werden:

– Worin unterscheiden sich die großen »Stifter« der Weltreligionen, Buddha, Konfuzius, Mose, Jesus, Mohammed? Wo gibt es Überschneidungen, wo Differenzen?

– Wie haben die drei großen religiösen Stromsysteme der Menschheit (indischen, chinesischen und nahöstlichen Ursprungs) Geschichte und Gegenwart von Hunderten von Millionen Menschen geprägt?

– Welche epochalen Umbrüche haben sich in den großen Religionen der Welt vollzogen – bei gleichbleibender Kernbotschaft? Wissenschaftstheoretisch spricht Küng hier von Paradigmenwechsel und sieht alle Religionen mit ähnlichen Strukturproblemen im Spannungsfeld von Tradition, Moderne und Nachmoderne konfrontiert.

– Wie kann man die großen, schwierigen und uns fremden Denker indischer, chinesischer oder islamischer Provenienz einer westlichen Christenheit so begreiflich machen, dass geistige Transfers von Ost nach West und von West nach Ost möglich werden?

Durch das Werk ziehen sich deshalb dramatische, aber auch intellektuell anspruchsvolle Dialogpaarungen (die eine eigene publizistische Auswertung lohnten). Küng nimmt seine Leser immer auch mit auf Zeitreisen. Lebensgeschichten sind mit Zeitreisen verbundene Denkgeschichten:

– in *Christentum und chinesische Religion* (1988) ein Ringen um das Verstehen von Laotses Ur-Wort »Tao« im Gespräch mit Martin Heidegger sowie ein knapper, aber höchst präziser Vergleich zweier klassischer Repräsentanten ihrer jeweiligen Tradition: ein Vergleich von Chu Hsi (12. Jhd.), dem größten neokonfuzianischen Denker Chinas, und von Thomas von Aquin (13. Jhd.), dem größten Denker der christlichen, platonisch-aristotelisch orientierten Scholastik.

– in *Der Islam* (2004) ein höchst differenzierter Vergleich zwischen den großen Summen des al-Gazzali (11. Jhd.), dem größten islamischen Denker des Mittelalters, und Thomas von Aquin als »zwei Meister der Theologie«.

– in *Christentum und Weltreligionen* (1984) die kühne Rekonstruktion des Denkansatzes von Shankara (ca. 788-820), dem berühmtesten aller indischen Denker. Er steht für eine konsequente »Einheitslehre«: die Welt als Ganze durchschaut als Scheinwirklichkeit, als kosmische Illusion, als Maya. Wirklich ist nur das Eine. Es ist das wahrhaft Reale, das ewige, unendliche Brahman. Erlebt wird es in der mystischen Erfahrung. Diese Position des Monismus konfrontiert Küng mit denen anderer indischer Denker: von Madhva (1199-1287) und Ramanuja (ca. 1056-1137). Gegen Shankaras Monismus setzt Madhva einen radikalen Dualismus von Gott und Welt, Ramanuja eine Konzeption der Einheit in Unterschiedenheit. Zugleich aber zeigt Küng: Was in Indien durchdacht wurde, findet Strukturanalogien auch bei Denkern im Westen. Wieder wirkt sich die Fähigkeit zu komplementärem Denken aus, liegt doch die klassische Theologie des Westens eher auf der mittleren Linie

Ramanujas, die einen Monismus ebenso vermeidet wie einen Dualismus. Das von Küng denkerisch verantwortete neuzeitliche Gottesverständnis (siehe aber auch schon das Hegel-Buch sowie das Hegel-Kapitel in *Existiert Gott?*) lautet seither so:

> *»Die Welt ist als Schöpfung Gottes so zu denken, dass der Schöpfer seinem Werk nicht äußerlich bleibt, dass die Schöpfung vielmehr als Entfaltung Gottes in der Welt begriffen werden kann, ohne dass die Welt sich an Gott oder Gott sich an die Welt verlöre, ohne dass die Welt ihre Selbstständigkeit preisgäbe oder Gott sich in die Welt auflöste. Also Schöpfung in Entfaltung oder Entfaltung durch Schöpfung: kein Seiendes zu Gott gemacht, aber auch kein Seiendes außerhalb Gottes und zu Gott hinzugefügt.*
>
> *Und Gott ist zu verstehen als das allgegenwärtige, unsagbare Geheimnis dieser Welt, des Ursprungs ihres Seins, ihres Werdens, ihrer Ordnung, ihres Ziels, und zwar so, dass Mensch und Welt weder unabhängig von Gott existieren noch nur als Schein und Illusion, sondern als relative Wirklichkeit. Weder differenzlose Identität noch bleibende Differenz von Gott und individuellem Selbst, sondern Differenz dialektisch ›aufgehoben‹ in Identität.«* *(*Christentum und Weltreligionen*, München 1984, S. 304)*

Noch aber hat man die schärfste Herausforderung an das Denken noch gar nicht im Blick. Sie tritt ins Bewusstsein im Dialog von Christen und Buddhisten. Küng weicht dem »schwierigsten Punkt des buddhistisch-christlichen Dialogs« nicht aus. Gerade den »unbequemsten und radikalsten buddhistischen Denker« bezieht er in die Überlegungen mit ein: *Nagarjuna*, ein kühner, legendenumwobener indischer Weiser aus dem 2. Jahrhundert nach Christus – von Karl Jaspers unter die »großen Philosophen« (1957) aufgenommen.

Bekanntlich kennt der Buddhismus kein personales Gottesverständnis. Die letzte, wirklichste Wirklichkeit wird als kategorial nicht zu greifendes »Nichts«, als Shunyata oder Nirvana, bezeichnet. Wie diese letzte Wirklichkeit erkennen? Nur über die Erkenntnis der »Leere« oder »Leerheit« aller Dinge, nur dadurch, dass der Mensch alle bestimmten Absichten, Standpunkte, Kategorien aufgibt. Dieses Aufgeben »erzwingt« ein Mann wie Nagarjuna, der sich als konsequentester Schüler Buddhas versteht, mithilfe einer höchst raffinierten Dialektik: eines oft waghalsigen Denkens durch Gegensätze und Widersprüche hindurch, mithilfe einer sich ständig überschlagenden Widerlegungstechnik. Das Ziel ist aufzuweisen, dass sämtliche Aussagen und Theorien über die Wirklichkeit widersprüchlich sind und ad absurdum geführt werden können. Das macht die Denkbewegungen dieses Mannes ebenso tiefsinnig wie unverständlich. Wer etwa von der klassischen griechischen Zwei-Schritt-Dialektik, die dem Menschen klarmacht, dass es in Wirklichkeit nicht so, sondern anders ist, zur Hegelschen Drei-Dialektik kommt, die ihm klarmacht, dass es in Wirklichkeit so, aber auch anders und deshalb so *und* anders ist, der ist zunächst verwirrt, wenn er sich bei Nagarjuna mit einer Vier-Schritt-Dialektik konfrontiert sieht, die alle vier Möglichkeiten verneint: dass es in Wirklichkeit so ist; dass es anders ist; dass es sowohl so und anders ist; dass es weder so noch anders ist. Aber auf diese Weise wird erreicht, dass dem logischen Denken sämtliche Ausgänge versperrt sind, so dass es schließlich erstickt und aufgibt. Selbstverbrennung des Denkens durch das Denken.

Die Bedeutung der Weltreligionen für die Weltgesellschaft

1978 war das Buch *Existiert Gott?* erschienen. Kaum jemand ahnt, dass nur ein Jahr später, 1979, die weltpolitische und damit auch weltreligiöse Situation eine andere werden würde. 1979 kehrt Ajatollah Khomeini aus seinem Pariser Exil nach Teheran zurück und errichtet dort das bis heute bestehende theokratische System eines islamischen Staates. Demonstriert wird aller Welt, dass der Islam in der Lage ist, sich als Religion zu revitalisieren und als Faktor der Weltpolitik eine neue Rolle zu spielen. In der Rückschau wissen wir, welch epochale Wirkung von diesem Faktum ausgeht. Es hat die weltpolitische Landkarte stärker verändert als die Ereignisse um das Jahr 1989. Denn im Gegensatz zu allen oberflächlichen Politiktheorien, welche den Einfluss der großen Religionen aus religionskritischer Voreingenommenheit in der Regel ausblenden, erkennt man immer stärker: Von Europa abgesehen hat Religion in allen Kontinenten dieser Erde auf Hunderte von Millionen von Menschen nach wie vor öffentlichen Einfluss. Viele regionale Krisen sind ohne diesen Einfluss nicht zu verstehen. Die »Weltreligionen« spielen somit direkt oder indirekt in Weltgesellschaft und Weltpolitik eine wichtige Rolle. In der Politikwissenschaft – gerade auch hier in Tübingen – wird dies mittlerweile breit analysiert. Schon 1984 trägt das Schlusswort von Küngs *Christentum und Weltreligionen* den Titel »Kein Weltfrieden ohne Religionsfrieden«.

Schon vor fünfundzwanzig Jahren ist damit signalisiert: *Erstens:* Alle neomarxistisch oder rationalistisch beeinflussten Prognosen vom Absterben der Religion im Zuge von Modernisierung, Industrialisierung und Urbanisierung haben sich nur partiell bewahrheitet. Alle sogenannten Säkularisierungs-Vorhersagen von der Auflösung, Privatisierung oder Ersetzung der Religion, die zu Beginn des 20. Jahrhunderts plausibel zu sein schienen, müssen hundert Jahre später teils zurückgenommen, teils relativiert werden. Sie treffen nur für einen Teilbereich der Weltgesellschaft zu, vor allem auf Nord- und Westeuropa. Sie können nicht auf die Menschheit als Ganze hochgerechnet werden. Nord- und Westeuropa haben – was die öffentliche Schwundstufe von Religion angeht – eine Sonderentwicklung durchgemacht. In anderen Kontinenten spielt Religion auch öffentlich nach wie vor eine Massen von Menschen prägende, treibende, motivierende Rolle. Ja, man wird davon ausgehen müssen, dass im globalen Wettbewerb das kulturelle und religiöse Eigenprofil der Kontinente sich nicht etwa abschleift, sondern verschärft. Denn:

Zweitens: Trotz aller ökonomischen Globalisierung und weltkulturellen Standardisierung wachsen die Religionen gerade nicht zu einer einzigen Einheitsreligion zusammen. Verflechtungs- und Vereinheitlichungsprozessen im Raum der Kultur und der Wirtschaft entsprechen nicht solche im Raum der Religion. Eine »McDonaldisierung« der Weltreligionen und Weltkulturen, wie der Münchner Soziologe Ulrich Beck sich ausdrückt, ist nicht zu erwarten. Vielmehr ist realistisch davon auszugehen, dass die Religionen sich ausschließende Wahrheitsansprüche gegeneinander behalten. Der amerikanische Politologe Samuel Huntington hat dies in seinem vielgelesenen Buch über den »Zusammenprall der Zivilisationen« auf die griffige und stimmige Formel gebracht: »Eine Person kann halb französisch und halb arabisch und gleichzeitig Bürger zweier Länder sein. Es ist aber schwierig, halb katholisch und halb muslimisch zu sein.« Woraus folgt: Die bleibenden und bleibend gültigen Wahrheitsansprüche der Religionen gegeneinander machen den Dialog zwischen Menschen verschiedener Religionen zu einer friedensethischen Aufgabe. Vor gut fünfundzwanzig Jahren wurden diese Sätze geschrieben:

»Wer könnte darüber hinaus leugnen, dass für die notorischen Spannungsherde der Weltpolitik nicht nur christliche Konfessionen oder zu Quasi-Religionen hochgeputschte Ideologien verantwort-

lich sind, sondern auch die großen Religionen selbst […] Die fanatischsten, grausamsten politischen Kämpfe sind die von Religionen eingefärbten, inspirierten, legitimierten politischen Kämpfe. Dies auszusprechen heißt nicht, die angesprochenen Konfliktherde auf Religionskämpfe zu reduzieren, sondern heißt, die religiös-ökumenische Mitverantwortung ernst zu nehmen für eine Befriedung unserer friedlos-zerrissenen Welt. Christen, Juden und Muslime, Hindus und Buddhisten sind hier gleichermaßen herausgefordert. Wie viel wäre den betroffenen Völkern und der übrigen Welt erspart geblieben, wenn die Religionen ihre Verantwortung für Frieden, Nächstenliebe und Gewaltlosigkeit, für Versöhnung und Vergebung früher erkannt hätten, wenn sie statt Konflikte mitgeschürt Konflikte mitgelöst hätten – nach dem Beispiel des Hindu Mahatma Gandhi, des Christen Dag Hammarskjöld, des Muslimen Anwar el-Saddat und des Buddhisten U Thant, die alle aus religiöser Grundüberzeugung Friedenspolitik betrieben.« *(*Christentum und Weltreligionen*, München 1984, S. 620)*

Partizipatives Denken: Das »Projekt Weltethos«

Das *Projekt Weltethos* von 1990 ist Küngs positive und programmatische Antwort auf diese neue Herausforderung. Eine ausgereiftere erfolgte dann in *Weltethos für Weltpolitik und Weltwirtschaft* (1997). Auch diese Antworten waren überfällig. Globale Bewegungen hatten sich längst außerhalb traditioneller Religionen entwickelt: Bewegungen für Menschenrechte, insbesondere Frauenrechte, für Abrüstung und Weltfrieden, für Ressourcenschonung und Weltklima. Hinzu kommen seit Anfang der 90er-Jahre neue weltwirtschaftliche Entwicklungen. Elektronisch vernetzte globale Finanzmärkte und supranationale Finanzinstitutionen machen die Welt zu einem Binnenraum wirtschaftlichen Handelns, der nationale Kontrollinstanzen unterlaufen kann. Wir durchschauen heute stärker noch als zu Beginn der 90er-Jahre nicht nur die Chancen, sondern auch die abgründigen Risiken einer solchen Globalisierung der Märkte für Millionen betroffener Menschen. Die von Küng vor fünfundzwanzig Jahren ausgegebene und heute fast sprichwörtlich gewordene Formel »Kein Weltfrieden ohne Religionsfrieden« bedurfte deshalb dringend der Ergänzung: »Der globale Markt erfordert ein globales Ethos.« Diese Formeln sind eingebettet in ein Theoriekonzept, das vor allem in *Das Christentum* (1994) geschichtlich präzise und systematisch konsequent entfaltet wird: eine scharfe Analyse der »Dialektik der Moderne« und zugleich des allmählichen Heraufkommens eines neuen Paradigmakandidaten namens Nach-Moderne.

»Projekt Weltethos« ist also eine Reaktion auf eine unübersichtlicher gewordene globale Entwicklung im Zeichen dieser Zeitenwende. Sehe ich richtig, hat die Küngsche Theologie präzise hier ihren geschichtlichen Ort: auf der Grenze von Moderne und Nach-Moderne. Janusköpfig ist sie dadurch: Eine Hälfte des Gesichts ist den bleibenden Herausforderungen der Moderne zugewandt, das andere Gesicht den religiösen und ethischen Grundfragen einer interreligiös pluralen, kommunikativ vernetzten Weltgesellschaft. Aber beide Gesichter gehören komplementär zum Ganzen dieser Theologie.

»Weltethos« bringt dabei den möglichen Beitrag aller Religionen zu ethischen Standards in der einen Weltgesellschaft auf den Begriff. Im Kommuniqué von Castel Gandolfo vom 24. September 2005 – nach der Unterredung Küngs mit Benedikt XVI. – heißt es präzise: Im »Projekt Weltethos« werden »die moralischen Werte ins Licht gesetzt, in denen die großen Religionen der Welt bei allen Unterschieden konvergieren und die sich von ihrer überzeugenden Sinnhaftigkeit her auch der säkularen Vernunft als gültige Maßstäbe zeigen können«. In seiner Ansprache an Repräsentanten anderer Religionen hat Benedikt XVI. am 17. April 2008 in Washington während seiner USA-Reise diesen Gedanken unterstrichen: »Indem wir im Verständnis voneinander wachsen, sehen wir, dass wir eine Wertschätzung teilen für ethische Werte, erkennbar auch der menschlichen Vernunft, die von allen Menschen guten Willens anerkannt sind. Die Welt verlangt nach einem gemeinsamen Zeugnis für diese Werte.« Künftig ein gutes Motto für die »Stiftung Weltethos«? In der Tat. Neue Fronten zwischen den einzelnen Religionen oder zwischen religiösen und nicht religiösen Menschen werden nicht aufgerissen. Stattdessen macht *Projekt Weltethos* bewusst, dass in normativen Texten aller großen Religionen gleichartige ethische Kernaussage vorhanden sind. Es lädt ein – religiös und nicht religiös gebundene Menschen zu einem je eigenen Beitrag für ein solches Menschheitsethos. Ausdruck eines von Küng so noch nie praktizierten *partizipativen Denkens* über die Welt des Christlichen hinaus.

Zugleich muss man das Projekt Weltethos verstehen als Widerstand gegen eine heute gängige halbierte Globalisierung. Gemeint ist damit eine Einstellung, die in einer globalen Tauschgesellschaft ökonomische Vorteile mitnimmt, die geistige Auseinandersetzung mit den Weltkulturen aber scheut. Gemeint ist ein halbiertes Weltbürgertum, das gerne die Wirtschaft und den Tourismus globalisiert, aber weniger gern das eigene Bewusstsein; das mit Wolllust die Kapital- und Flugbewegungen weltweit vernetzt, nur nicht die eigenen Lernprozesse; das im World Wide Web ein bloßes Zugriffs-Instrument sieht, keinen Lern-Ort für planetarisches Bewusstsein. Angesichts einer ökonomisch, ökologisch und finanziell fragilen Weltsituation ist das Projekt Weltethos *ein* Zeichen dafür, dass sich geistig-spirituelle Gegenkräfte mobilisieren lassen, aber auch mobilisiert werden müssen, damit die Weltgesellschaft nicht noch mehr auseinanderbricht. Ein »Weltgewissen«, wie Thomas Mann formulierte, setzt sich nicht von alleine durch. Ein in heutiger Rechtswissenschaft geführter Diskurs über einen möglichen Übergang vom »Völkerrecht zum Weltrecht« wird nicht ohne die ethischen Ressourcen der Religionen auf Akzeptanz stoßen. Interkulturelle und interreligiöse Kommunikation ist mehr denn je eine Weltaufgabe.

Dialogfähigkeit aber entsteht nicht von selber. Sie ist eine Bildungsanforderung. Der Dialog mit der Erziehungswissenschaft ist dafür unverzichtbar. Ich verweise auf das von den beiden Mitarbeitern der Stiftung Weltethos erstellte Handbuch *Weltethos in der Schule* (Walter Lange – Stephan Schlensog). Ein künftig unverzichtbares Instrument interreligiösen Lernens. Erfordernis unserer Zeit ist denn auch ein oft lebenslanges nationen-, kulturen-, religionenübergreifendes Lernen, Verknüpfen und Kommunizieren. Das hat mit Elitismus nichts, mit Selbstanspruch auf kulturelle Kompetenz viel zu tun.

Die Vermittlung interreligiöser Dialogkompetenz aber überlässt Küng nicht anderen. Seine Monographien – wie fast alle Bücher in die großen Weltsprachen übersetzt – über die drei monotheistisch-prophetischen Religionen Judentum, Christentum und Islam (im Zeitraum von 1991 bis 2004) sind Ausdruck interreligiös vernetzten Denkens, Dokumente eines globalen Wissenstransfers und gleichzeitig einer Diagnose der religiösen Situation der Zeit im Zeitalter der Nach-Moderne. Nimmt man den im gleichen Geist, mit der gleichen Methode und Komplexität geschriebenen Band von Stephan Schlensog *Der Hinduismus* (2006) hinzu, bildet sich auch hier ein neues Beziehungsnetz. Christentum im Beziehungsgeflecht anderer großer Religionen. Was zugleich heißt: Jede Religion ist herausgefordert, sich im Spiegel der je anderen besser zu erkennen. Nach der Devise: Wer nur seine Religion kennt, kennt seine Religion nicht.

Küng kann zeigen, dass alle drei großen monotheistischen Religionen epochale Umbrüche durchgemacht haben, wissenschaftstheoretisch gesprochen: Paradigmenwechsel vollzogen. Das Schicksal von Menschen in der eigenen Religion ist nicht mehr zu trennen vom Schicksal aller anderen in der einen, kommunikativ vernetzten Weltgesellschaft. Vom großen jüdischen Gelehrten *Abraham Joshua Heschel* stammt das Wort, das er uns gegen Ende seines Lebens 1965 als sein Vermächtnis hinterließ: »Keine Religion ist ein Eiland. Wir alle sind miteinander verbunden. Verrat am Geist aufseiten eines von uns berührt den Glauben aller.« Hans Küng drückt dies auf seine Weise im Vorwort zum Band über das Judentum 1991 aus:

»In einer Zeit der globalen Verflechtung von immer mehr Lebensräumen der Menschheit in Politik, Wirtschaft, Verkehr, Umwelt und Kultur lebt keine Religion mehr in einer ›splendid isolation‹. In der einen Welt, wo vielerorts Menschen verschiedener Religionen in derselben Straße wohnen, im selben Büro arbeiten und an derselben Universität studieren, kann es Christen nicht gleichgültig sein, was im Judentum, was im Islam vor sich geht … Im Zeitalter eines erwachten globalen ökumenischen Bewusstseins muss für die ökumenische Gesamtverantwortung aller geworben werden.«

Die Selbstverpflichtung auf Prinzipien des komplementären, relationalen, geschichtlich, narrativen und partizipativen Denkens wirkt sich auch hier in der Anwendung einer ganz bestimmten Methode aus. Küng nennt sie programmatisch eine »trilaterale Methodik« und wendet sie gleichermaßen in allen drei Monographien an. Der Grundgedanke ist: Alle drei

Religionen stehen vor denselben geschichtlichen Herausforderungen zwischen Tradition und Innovation. Alle drei sind strukturell gleichen Entwicklungen unterworfen: in ihrem Binnenverhältnis (Konflikte zwischen Menschen, die in verschiedenen Paradigmen leben) und in ihrem Außenverhältnis zueinander (abstoßende *und* versöhnende Tendenzen in der Geschichte von Judentum, Christentum und Islam). Küng stellt an alle drei Religionen dieselben Fragen, zeigt ähnliche Probleme, Lösungsansätze, ungelöste Konflikte. Eine »trilaterale Methodik« wird angewandt, bei der Kritik an der einen Religion immer verbunden ist mit Selbstkritik an den jeweils anderen, um – wie Küng sagt – »sowohl Dialogizität nach außen als auch eine konzeptionelle Verklammerung« der Trilogie »nach innen zu erreichen« (*Der Islam*, München 2004, S. 26).

All dies hat auch politische Konsequenzen. Und je älter Hans Küng wird, umso politisch entschiedener tritt er auf. In den 60er-Jahren, im Zuge der Studentenrevolten, eher noch als »Liberaler« etikettiert, wird er auf der Basis der Weltethos-Erklärung von Chicago mehr und mehr zu einem der schärfsten Kritiker einer Politik und Ökonomie, welche Recht und Ethos zynisch ignorieren. Seine Stellungnahmen zur Politik der gegenwärtigen Regierung des Staates Israel, vor allem zum Krieg gegen den Irak, könnten schärfer nicht sein. Schärfer auch nicht seine Kritik an Schändungen des Ethos im Raum der Wirtschaft: an Praktiken von weltweiter Korruption, ungezügelter Gier, rücksichtlosem Kapitalismus. Man lese nur die von ihm mit herausgegebenen Bände *Friedenspolitik. Ethische Grundlagen internationaler Beziehungen* (2003) oder *Globale Unternehmen und globales Ethos* (2001) und man wird begreifen: Die Selbstverpflichtung auf die vier unverrückbaren Weisungen der »Weltethos-Erklärung« ist alles andere als harmlos. Sie hat im Ernstfall politische Konsequenzen. Wenn es darauf ankommt, halten sie unzweideutig fest: Ob in Amerika, Asien oder Europa: kein Staatsmann, kein Wirtschafts- oder Gewerkschaftsboss, kein Bankchef oder Kirchenführer, kein Wissenschaftler, Journalist oder Medienzar: niemand steht – auf Dauer ungestraft – über dem Recht, niemand kann sich – konsequenzenfrei – vom Ethos entbinden!

Lachen als Waffe der Hoffnung

Zwei Bände Lebenserinnerungen liegen vor. Sie stehen nicht zufällig im Zeichen der beiden Schlüsselbegriffe seines Lebens: Freiheit und Wahrheit. Aber die jeweils dazugesetzten Adjektive »erkämpft« und »umstritten« signalisieren, was es ihn gekostet hat. Wieso er das alles durchgestanden hat? Das ist hier nicht zu besprechen. Wie er sich die innere Freiheit bewahrt hat, auch als der Druck aus Rom 1980 fast unerträglich wurde? Wer kann schon in sein Herz schauen? Aber seine Bücher, in denen er seinen Weg beschreibt, enthalten ein wichtiges Signal: das Element Humor. Er kann lachen: über sich selbst und über all das Komische und Groteske, das ihm in Kirche und Gesellschaft begegnet. Und dieses sein Lachen ist seine Weise einer versöhnten Koexistenz mit den Widersprüchen des Lebens, die man nicht ändern kann, ohne sich mit ihnen abzufinden.

Achten Sie einmal darauf, wie er bitterernste Konflikte mit seiner Kirchenleitung immer wieder auch in listige Geschichten verpackt. Der Papst als Versucher! Der eingegipste Kardinal! Eine dieser Geschichten will ich Ihnen doch zum Abschluss erzählen, nachdem Sie mir bis jetzt so geduldig zugehört haben. Ich nenne sie das *Gleichnis vom Dachs*. Sie müssen dafür wissen: In Basel wird ein katholischer Bischof anders als anderswo nicht von Rom ausgesucht, sondern direkt vom diözesanen Domkapitel gewählt und anschließend Rom zur Bestätigung gemeldet. Ein praktisch in der gesamten katholischen Kirche heute einzigartig dastehendes Beispiel für die früher allgemein gegebene und nach dem Konzil wieder erhoffte Freiheit einer Bischofswahl. Als Küng Witterung bekommt, dass dieses einzigartige Modell durch römische Manöver beseitigt werden soll, schreibt er einen programmatischen Artikel zum Erhalt dieser Freiheit unter dem Pseudonym Helveticus. Es ist Februar/März 1967. Während Küng an diesem Artikel arbeitet, rumort es unter der Betonplatte seines Hauses in der Schweiz. Offensichtlich ein Dachs. Immer mehr Zeug schleppt dieser heran. Gestank verbreitet sich. Küng mobilisiert drei Mitglieder einer Jagdgesellschaft, feuert sie an durch Ausschank von Walliser Wein. Sie schicken ihre Jagdhunde in den Unterbau. Wildes Gebell, Gerenne. Offensichtlich hat sich der Dachs an eine Wand gestellt. Er wehrt sich mit Zähnen und Klauen. Der erste Hund kommt mit einer blutigen Schnauze heraus, der zweite mit einem zerbissenen Ohr, während sich der dritte, vor Angst zitternd, bereits zurückzieht. Die Jäger rücken ab. Auch dem Dachs ist es offensichtlich nicht geheuer. In der nächsten Nacht macht er sich davon. Was will Küng uns mit dieser Geschichte sagen? Sie ahnen es schon: »Wie doch ein einzelnes kämpferisches Lebewesen, gut ausgerüstet, auch gegen eine dreifache Übermacht« ankommen kann!« (*Umstrittene Wahrheit*, S. 49)

Das denkerische Profil des Werks und die jeweils neuen Horizonte des Denkens von Hans Küng habe ich Ihnen in einigen wenigen Grundzügen zu rekonstruieren versucht. Getragen von der Überzeugung: Wer sich auf der Suche nach Erkenntnis auf dieses Werk einlässt, auf den vermag sich ein Doppeltes zu übertragen: eine Leidenschaft des Forschens und eine Kontrolliertheit methodisch-systematischen Durchdringens der Phänomene und Daten. Das Werk verdient je neu eine Relecture. Dazu wünsche ich Ihnen die Vermehrung bisher schon gewonnener Einsichten, und zwar in einer Fülle, dass sogar die Himmlischen neidisch werden.

Diese Karikatur erschien in *El Pais* (Madrid) am 8. Juli 2006. Sie erinnert mich an eine der schönsten Anekdoten, die man von Karl Barth erzählt. Warum durfte dieser große Theologe des 20. Jahrhunderts achtzig Jahre alt werden? Antwort: Die »kirchliche Dogmatik« war noch nicht fertig. Auch nach dreizehn Bänden nicht. Gott, der Herr, wollte zu gerne wissen, was Barth noch über ihn herausfinden würde. Gott ist neugierig auf den Menschen! Das ist vielleicht der tiefste Basissatz allen Theologietreibens. Von dieser Hoffnung lebt Theologie: Nicht nur von der Neugierde des Menschen auf Gott, sondern – so dürfen wir hoffen und glauben – auch von Gottes Neugierde auf, von Gottes Leidenschaft für den Menschen. Alle theologische Leidenschaft des Menschen hat hier ihr Fundament und ihr Movens. Und diese theologische Leidenschaft hat uns in besonderer Weise vermittelt der, zu dessen achtzigsten Geburtstag wir uns hier versammelt haben. Wir gratulieren ihm in Dankbarkeit und Respekt.

HANS KÜNG

Was weitergehen soll

Ein Wort des Dankes

Ein Dankes-Wort ist angekündigt im Programm. Doch es würde eine lange Dankes-Rede werden, wenn ich jetzt Einzelne, denen ich Dank schulde, nennen wollte.

So danke ich denn in der Person des Rektors der ganzen Universität, an der ich von achtzig Jahren fast fünfzig verbracht habe. In des Rektors geistvoller Ansprache wurde ja von selbst deutlich, wie viel ich, um zu so etwas wie einem »Markenzeichen« der Universität zu werden, der Universität selber, vor allem vielen Kollegen und Kolleginnen verdanke. Über eine Stunde habe ich vor wenigen Jahren in einer Emeriti-Versammlung gebraucht, um all derer zu gedenken, von denen ich in den vielen Jahrzehnten Informationen, Anregungen, Ratschläge und Impulse und vor allem Freundlichkeit und Freundschaft empfangen habe. In den beiden Bänden meiner Lebenserinnerungen habe ich, wo immer ich konnte, auch mit Namen gedankt.

Und nicht weniger hätte ich zu danken all den lieben Frauen und Männern in meinem Haus, im Institut für ökumenische Forschung und jetzt in der Stiftung Weltethos. Sie haben mich auf meinem oft nicht einfachen Weg mit Treue, Einsatzbereitschaft, Verlässlichkeit und viel Zuneigung begleitet. Ihnen allen, die heute hier anwesend sind und ohne die ich mein Leben gar nicht denken kann, sei von ganzem Herzen gedankt. Stellvertretend für sie alle sei nur Karl-Josef Kuschel genannt, der heute Abend durch seine meisterhafte Rede und brillante Analyse meines Denkwegs und Denkstils sich Ihnen als der kommende Präsident der Stiftung Weltethos überzeugend vorgestellt hat. Zusammen mit unserem Generalsekretär Dr. Stephan Schlensog, der als Multitalent für das operative Geschäft zuständig ist, wird er unser Stiftungsschiff erfolgreich in eine noch unbekannte Zukunft führen.

Meinen Dank aber schließlich Ihnen allen hier im Saal und im anderen Hörsaal, die Sie an diesem Abend der Einladung der Universität in den Kupferbau gefolgt sind und die Sie auch die vielen anderen vertreten, die mich mit ihrem Verständnis, ihrer Sympathie und ihrem Wohlwollen gestützt und gefördert und mir auch in schwierigen Zeiten ihre Solidarität gezeigt und bewahrt haben.

Ich bin dankbar, dass ich diesen Tag erleben und so viele gute Wünsche in Wort und Schrift entgegennehmen darf. Einer der rührendsten Glückwünsche kam von einem Cousin aus der Schweiz: »Als Katholik bin ich traurig, dass du schon so alt bist.« Und ich könnte mir denken, dass auch manche Evangelische ein wenig traurig sind und jedenfalls die Begründung mitunterschreiben könnten: »Unsere Kirche hätte solche Theologen wie dich bitter notwendig …« Da tröstet nur bedingt ein Glückwunsch eines alten Freundes aus China: »Ich habe eine sehr gute Nachricht für dich: Das Jahr 1928 war ein Drachenjahr. Du bist also ein Drachensohn, in China ein Superglückspilz.«

Ich freilich denke doch eher an das nüchterne Wort des Psalmisten (Psalm 90):

»Unser Leben währt 70 Jahre,
und wenn es hoch kommt, sind es 80.
Und was an ihnen war, ist Mühsal und Trug.«

Ganz so pessimistisch wäre ich nun freilich nicht, aber dem nächsten Satz des Psalmisten stimmt man mit achtzig zu:

»Denn schnell ist es vorüber, im Flug sind wir dahin …«

Und seinen Rat mache ich mir gerne zu eigen:

»Unsere Tage zu zählen, lehre uns,
damit wir ein weises Herz gewinnen.«

Doch andererseits macht es mir Mut, dass Mose, als er zum Pharao ging, um die Befreiung seines Volkes zu fordern, achtzig Jahre alt war. Danach wäre ja auch ich noch zu einigem fähig. Aber glauben Sie ja nicht, ich hätte Lust, noch weitere vierzig Jahre, womöglich auch noch durch die Wüste, zu wandern. Aber gerne noch ein paar Jährchen.

Wenn man achtzig Jahre zählt, ist jedes Jahr in körperlicher und geistiger Frische ein besonderes Gnadengeschenk. Und es ist mein großer Wunsch: *dass es weitergeht*! Was aber, meine Damen und Herren, *was* soll weitergehen? Mein Cousin hat es nüchtern realisiert, dass es mit mir, meiner *Person*, nicht ewig weitergeht. Oder dann vielleicht, würde ich hinzufügen, in der Ewigkeit Gottes weitergeht. Doch das ist kein Thema für einen akademischen Festakt, sondern für eine Predigt. Und so stelle ich mich dieser Frage am nächsten Sonntagabend in der Johanneskirche und bin froh, wenn ich einmal wie im »Testament« des Apostels Paulus (2 Tim 2,7) sagen kann: »Ich habe den guten Kampf gekämpft, den Lauf vollendet, den Glauben bewahrt.«

Hier an der Universität redet man mehr von Wissen als von Glauben. Und da sagt man uns Wissenschaftlern: Wie immer es steht um Ihre Person, Sie leben weiter in Ihrem wissenschaftlichen Werk, in Ihrem *Œuvre*. Doch, meine lieben Kolleginnen und Kollegen, was von unserem Œuvre bleibt, was vergessen wird, was Bestand hat oder was vielleicht erst viel später wieder Bedeutung erhält, darüber befindet nicht der Autor, darüber urteilt die Geschichte.

Und deshalb habe ich auch die Bücher, die ich geschrieben habe, nie gezählt. Ich habe sie gewichtet, nach geistigem Aufwand, nach Reichweite und Tiefgang der Problematik, nach Wirkung und Auswirkung. Aber ich habe mich stets geweigert, die Frage zu beantworten, *welches* denn mein *wichtigstes* Buch sei. Das weiß ich nicht, und das brauche ich auch nicht zu wissen. Das kann posthum – wenn alle Urteile über Orthodoxie und Katholizität, alle Sentiments und Ressentiments von Konkurrenz, Rivalität und Neid endgültig der Vergangenheit angehören werden – ganz anders aussehen als zu meinen Lebzeiten. Und erst recht ganz anders nach ein paar Jahren, wenn die Situation von Welt, Kirche und Theologie wieder einmal völlig anders sein wird. Vielleicht wird man sich dann an schon längst Gedachtes und Vorgeschlagenes, Gewünschtes und Gefordertes erinnern. Wer weiß?

So nochmals die Frage: Wenn es hier auf Erden mit meiner Person nicht weitergeht und mit meinem Œuvre in der Geschichte nur bedingt weitergeht, *was* soll dann weitergehen? Nun, ich sage es mit einem schlichten Wort. Es ist kaum in eine andere Sprache zu übersetzen, ist sehr allgemein, umfasst aber alles: *die Sache* soll weitergehen. Die Sache, das Anliegen, die Anliegen, für die ich mich ein Leben lang eingesetzt habe: die Einheit der christlichen Kirchen, der Frieden unter den Religionen und die echte Gemeinschaft der Nationen. Ich belasse es bei diesem Verweis. Ich habe immer wieder darüber gesprochen und geschrieben.

Die *Sache* wird auch nach mir weitergehen. Denn ich bin in der glücklichen Lage, einer *Stiftung* vorzustehen, die meine Sache weiterträgt, die sich meinem geistigen Erbe verpflichtet weiß und dies auch, wenn ich einmal nicht mehr bin, am Leben erhalten und weiterentwickeln wird. Es ist eine kleine, aber effiziente Stiftung mit zukunftsweisender Programmatik:

Sie erfreut sich weit über den Raum von Universität, Theologie und Religion hinaus wachsender Akzeptanz.

Sie verfügt über ein breit gefächertes operatives Profil und hat nun eine bereits zwölfjährige Erfolgsgeschichte hinter sich, die ihresgleichen sucht. Darüber bin ich froh.

Diese Arbeit wäre freilich nicht möglich gewesen ohne die vielfältige Unterstützung großzügiger Spenderinnen und Spender, die wir durch all die Jahre erfahren durften. Und diese Arbeit wird auch in Zukunft nur möglich sein, wenn uns Menschen – und vielleicht auch manche von Ihnen, liebe Zuhörerinnen und Zuhörer – aktiv unterstützen.

Doch ein letztes Wort des Dankes gebührt den Musikern: Claudio Puntin, Tom Lorenz und Samuel Rohrer haben die Aufgabe, die ich ihnen stellte, originell und eindrücklich bewältigt: die vier Lebensphasen, die »quattro stazioni«, die alle ihre eigene Würde und Bürde haben, in Musik unserer Zeit umzusetzen: Kindheit, Jugend, Reife. Es war eine großartige Invention, Improvisation und Transformation. Jetzt fehlt nur noch die letzte Lebensphase, das Alter: Wir sind gespannt darauf.

Doch diese Feier, meine Damen und Herren, ist eine Geburtstagsfeier, keine Abschiedsfeier. Die Stiftung Weltethos ist nach ihrem Statut eine Stiftung für interkulturelle und interreligiöse Forschung, Bildung und – erfreulicherweise – Begegnung. Und eine solche möchten wir Ihnen auch heute Abend ermöglichen: Ihnen, die Sie sich zum Teil schon länger kennen oder sich lange nicht mehr gesehen haben oder sich ganz neu kennenlernen. Ich lade Sie im Namen der Stiftung Weltethos zu einem Glas Wein mit Bretzeln ein. Und freue mich auf viele bekannte und unbekannte Gesichter. Und ich bitte Sie, liebe Freunde, trinken Sie einen kräftigen Schluck auf meine Gesundheit!

HERMANN HÄRING

Hans Küng – Querdenker, Systematiker, Visionär

Eine Gesamtsicht seines Œuvres

Weltweit gesehen ist Hans Küng einer der bekanntesten Theologen der Gegenwart. Er ist nach wie vor katholisch. Sein Name war schon eng mit dem 2. Vatikanischen Konzil (1962-1965) verbunden; schon damals stand er für die christliche Ökumene ebenso wie für eine schriftgemäße und konsequente Reform der Kirche. Seitdem hält er unvermindert an diesem seinem Lebensprojekt fest.

Der Name – ein Programm

In den Siebzigerjahren legte er umfassende Arbeiten zu einer schriftgemäßen Lehre von der Kirche (Ekklesiologie), von Jesus Christus und zur Gottesfrage vor. Die Diskussionen über diese Themen sind noch immer aktuell; das gilt auch für die schwierigen Fragen zu Petrusdienst und Unfehlbarkeit. Die innerkirchlichen, noch immer aufrechterhaltenen Sanktionen gegen Küng zum Jahresende 1979 haben seine Bekanntheit und seinen Einfluss eher noch verstärkt; eine inhaltliche Aufarbeitung oder Widerlegung seiner umstrittenen Thesen ist bis heute noch nicht erfolgt. Nicht aus persönlichen, sondern aus inhaltlichen Gründen gilt er für viele als Antipode von Benedikt XVI., der ihn im September 2005 zu einem ausführlichen Gespräch empfangen hat.

Küngs Name steht ferner für den Dialog mit den Weltreligionen, der 1990 in das höchst erfolgreiche »Projekt Weltethos« einmündete; es fördert den Einsatz für einen umfassenden Frieden und die nachhaltige Versöhnung der Völker.

Als Gründer der »Stiftung Weltethos« treibt er den Gedanken eines globalen Ethos voran. In vielfältigen wissenschaftlichen Arbeiten führten ihn Religionsdialog und Weltethos spätestens seit 1980 zum Studium der Weltreligionen, zu Fragen des Weltfriedens und zu weltethischen Fragen in Wirtschaft, Gesellschaft und Politik. In zahllosen Weltreisen sowie auf internationalen Vorträgen bei wissenschaftlichen, politischen und wirtschaftlichen Institutionen wirbt er für seine Ideen – bis hin zu einem Vortrag vor der Plenarversammlung der UNO im November 2001, zwei Monate nach dem katastrophalen Anschlag auf die Twin Towers in New York.

So sorgt Küng bis heute weltweit dafür, dass unter Christen und weit darüber hinaus sein Lebenscredo ein lebhaftes Echo findet: »Ich hoffe auf die Einheit der Kirchen. Ich hoffe auf den Frieden unter den Religionen. Ich hoffe auf die Gemeinschaft zwischen den Nationen.«

Ein reich bewegtes Leben

Geboren wird Hans Küng 1928 in Sursee in der deutschsprachigen Schweiz, das am Sempacher See gelegen ist, nicht weit entfernt von Luzern und den Urkantonen mit der berühmten Rütliwiese, dem Symbol für Schweizer Selbstbewusstsein und Durchsetzungskraft. Die Ereignisse in Deutschland wecken in ihm schon früh Interesse für Menschenrechte und Politik. Von 1948 bis 1955 studiert er an der Jesuitenuniversität *Gregoriana in Rom* drei Jahre Philosophie, vier Jahre Theologie und schließt beide Studien mit einer Lizentiatsarbeit ab. Er lernt die Philosophie in ihrer gesamten Breite kennen; sein besonderes Interesse gilt J. P. Sartre. Auf höchstem Niveau wird ihm das verfügbare theologische Wissen vermittelt, die Impulse der *Nouvelle théologie* sind unübersehbar. Er konzentriert sich vor allem auf die systematische Theologie, auf die er immer wieder als Material- und Problemspenderin zurückgreifen kann und die er zur evangelischen Theologie hin erweitert. Nicht minder wichtig sind seine ersten prägenden Erfahrungen mit den inneren Regeln von Papsttum und Kurie, ihrer Weite und ihren Engführungen, ihrem Glanz und ihren Grenzen. Er erlebt 1950 die Pilgerströme des »Heiligen Jahres« und die letzten, schwierigen Jahre von Pius XII. In Rom wird er 1954 zum Priester ordiniert und zusammen mit seiner Familie feiert er dort seine Primiz.

Nach weiteren Studien in London, Madrid und Paris promoviert Küng 1957 am hochangesehenen *Institut catholique* in Paris über die Rechtfertigungslehre Karl Barths (am selben Tag, da J. Ratzinger in München habilitiert wird). Die ersten Fundamente zu dieser Arbeit werden schon in römischen Zeiten gelegt; jetzt zieht er die Folgerungen für die katholisch-evangelische Ökumene, die ein Vorwort von Karl Barth vorbehaltlos bestätigt. So wird er den Fachleuten und an Ökumene interessierten Mitchristen evangelischer wie katholischer Herkunft in kürzester Zeit bekannt. Schon 1960, also im Alter von zweiunddreißig Jahren, erhält er – nach kurzer Seelsorgetätigkeit an der Hofkirche in Luzern und darauffolgender Assistententätigkeit an der Universität Münster – an der Katholisch-Theologischen Fakultät der Universität Tübingen einen Lehrstuhl für Fundamentaltheologie; 1964 wechselt er auf den Lehrstuhl für dogmatische Theologie. Das ist ein sensationell frühzeitiger Start in einer Zeit, die nach Aufbruch strebt, denn 1959 kündigt Johannes XXIII. das 2. Vatikanische Konzil an, das 1962-65 eine ungeheure, bis heute nachwirkende Dynamik entfaltet.

Seitdem arbeitet Küng in Vorträgen und Publikationen unermüdlich an der Verbreitung des ökumenischen Gedankens. Mit evangelischen Kollegen (H. Diem, E. Käsemann,

E. Schlink, später J. Moltmann und E. Jüngel) knüpft er intensive und bleibende Kontakte. Gern lässt er sich vom Sog der Konzilsvorbereitungen mitreißen; 1962 wird er zum offiziellen Konzilsberater (»peritus«) ernannt. Bis 1965, dem Ende des Konzils, ist er bei allen Sitzungsperioden in Rom präsent. Mit seiner ganzen Energie, mit Textentwürfen und Korrekturvorschlägen, in Vorträgen und Konferenzen, bei zahllosen Hintergrundgesprächen mit Bischöfen und der interessierten Presse setzt er sich für die Reform der Kirche ein, verfolgt mit Anteilnahme die Fortschritte und Blockaden, prägen entscheidende Ereignisse sich in sein nahezu photographisches Gedächtnis ein, profiliert sich seine Vision von einer erneuerten Kirche. Im ersten Band seiner Memoiren lassen sich diese spannende Zeit und seine Rolle in ihr noch einmal nachlesen. Zusammen mit Y. Congar, K. Rahner und E. Schillebeeckx gründet er 1963, also während des Konzils, die Internationale Theologische Zeitschrift *Concilium*, die viele Jahre in sieben, seit 2003 in fünf Sprachen erscheint und bis heute als Sprachrohr katholischer Erneuerung wirkt.

Im Jahr 1964 gründet Küng schließlich in Tübingen das Institut für ökumenische Forschung, in dem und mit dessen Hilfe er seine Kräfte bündeln kann und dessen Direktor er bis zu seiner Emeritierung im Jahre 1996 bleibt. Jetzt endlich wäre der Beginn eines soliden Forscherlebens angesagt. Doch das Konzilsende lässt ihn nicht zur Ruhe kommen, denn die Beschlüsse und Absichtserklärungen dieser epochemachenden Zusammenkunft harren jetzt ihrer Ausführung und erst jetzt wird das Spiel der Reform- und vielen Gegenkräfte richtig beginnen. Das erfordert ein weltweites Engagement, zumal er zu den jüngsten unter den reformwilligen Kollegen gehört. Es folgen eine intensive internationale Vortragstätigkeit sowie Gastprofessuren in Europa und in den USA. Sein reich variiertes Thema sind viele Aspekte der Erneuerung von Theologie und Kirche. Es geht um die neu errungene Freiheit des Christen, um den Widerstand gegen autoritär beharrende Kräfte, um die Klärung vieler konziliarer Kompromissformeln sowie um die Neuentdeckung der Schrift für die kirchliche Praxis und ein christliches Engagement in der Öffentlichkeit. Wichtig für sein weiteres Schaffen wird deshalb 1967 sein Buch über die Kirche, in dem er sein Kirchenbild auf breitester Basis erarbeitet und biblisch, historisch sowie systematisch begründet. Endlich liegt eine ökumenisch-katholische Kirchenlehre vor, die den aktuellen Diskussionsstand umfassend aufarbeitet. Wäre nicht jetzt endlich die Zeit für eine Ruhepause gekommen?

Das ist nicht der Fall, denn allmählich stagniert die innerkirchliche Situation und erneut beginnt in Rom ein Prozess der Selbstfesselung, dies ausgerechnet in einer Zeit weltweiter Aufbrüche, zum ersten Mal auch in Lateinamerika. Was ist der Hauptgrund für diese enttäuschende und bedrohliche Entwicklung? 1970 stellt Küng den Unfehlbarkeitsanspruch des Papstes zur Diskussion, was ihm die römische Kurie bis heute noch nicht verziehen hat. Unter öffentlicher Anteilnahme beginnen auf theologischer und kirchenpolitischer Ebene jetzt jahrzehntelange interne Auseinandersetzungen. Trotz dieser Ablenkungen von der eigentlichen Theologenarbeit beginnt zugleich ein Jahrzehnt höchst intensiver Forschungsarbeit. Angesichts wachsender Unsicherheit bei vielen Christen will Küng die theologischen Fundamente gründlich erneuern, die Schrift neu zur Geltung bringen und den Glauben auf das Denken der Gegenwart beziehen. So erweitert er den Bereich ökumenisch kirchlicher Fragestellungen, gibt dem erneuerten Glaubensverständnis von Jesus Christus her einen festen Grund und rekonstruiert um dieses Zieles willen die neuzeitliche Frage nach Gott - mit ihren dramatischen, religionsfreundlichen und religionskritischen Debatten zu Atheismus und Lebenssinn, Theorie und Praxis sowie mit den Aufbrüchen emanzipatorischer Bewegungen, die unser Denken bis heute bestimmen. In Zusammenarbeit mit fünf ökumenischen Universitätsinstituten wird zudem ein Memorandum zur Reform und Anerkennung kirchlicher Ämter erarbeitet, das – obwohl offiziell abgelehnt - bis heute seine Gültigkeit behalten hat. Küngs Denken soll sich konsequent in erneuerter Praxis bewähren.

Dennoch schreitet die innerkirchliche Polarisierung voran. Johannes Paul II. (1978-2005) eröffnet einen streng konservativen Kurs. Man fürchtet sich vor Entwicklungen in der niederländischen und in der lateinamerikanischen Kirche. Unter römischem Einfluss hatten zuvor schon deutsche Bischöfe in Briefen, Kolloquien und öffentlichen Stellungnahmen gegen Küngs »Christologie von unten« und seine erneuerte Gotteslehre schwere Einwände. Wiederholte Richtigstellungen fruchten nichts, denn bei aller Gesprächsbereitschaft weigert sich Küng, die von der Schrift gebotenen Grundlagen aufzuweichen, gar aufzugeben. Seine tiefste Berufs- und Lebenskrise erlebt er dann im Dezember 1979, als Rom beschließt, ihm an den Vortagen des Weihnachtsfestes die kirchliche Lehrerlaubnis zu entziehen. Dramatische Vermittlungsversuche von innerkirchlichen und anderen Instanzen bleiben erfolglos, und nach schmerzlichen Wochen des Ringens schlagen sich sieben von zwölf Kollegen seiner Fakultät auf die kirchenoffizielle Seite. Durch die Umstände gezwungen verlässt er schließlich die theologische Fakultät, behält aber als »Professor für Theologie« mit seinem Institut einen Platz in der Universität, ohne einer Fakultät anzugehören – ein hochschulrechtliches Novum.

Aber langfristig gesehen wird dieser bedrohliche Einschnitt für den tief Getroffenen zum Beginn eines neuen und erfolgreichen theologischen Weges. Erst recht machen ihn jetzt in den Augen vieler seine unbeugsamen, an Schrift und aktuellem Glaubenshorizont orientierten Positionen zum glaubwürdigen Vorkämpfer. Die Hörsäle sind voller denn je; seine Vortragsreisen in Europa und Übersee halten an. In seinem Buch zum Ewigen Leben greift er die theologisch und existenziell wichtige Frage nach den »Letzten Dingen« (Tod und Ewiges Leben) auf und schließt damit die Periode der siebziger Jahre ab.

Umso intensiver und fruchtbarer wird von jetzt an seine neue Arbeit, die konsequente Konzentration auf die Thematik der Weltreligionen. Ein großer Interessen- und Themenwechsel findet also statt, aber kein Bruch, denn schon früher zeigte Küng ein hohes Interesse an anderen, den monotheistischen wie den fernöstlichen Religionen, wie seine Reisen und viele Passagen in seinen Büchern belegen. Auf Jahrzehnte hin wird diese Thematik jetzt ins Zentrum rücken. Zunächst stürzt sich Küng in die verfügbare religionswissenschaftliche Literatur und liest die Grundlagenschriften der Weltreligionen. Ab 1981 hält er zusammen mit Religionswissenschaftlern Dialogvorlesungen über Hinduismus, Buddhismus und Islam, später über die chinesischen Religionen. Diese Vorlesungsform setzt ihn unter enormen Zugzwang, denn auf von Fachleuten offen gestellte und kompetent untermauerte Fragen muss er jetzt in Wochenfrist öffentlich und genauso kompetent antworten. Der erste Versuch wird zum großen und breit beachteten Erfolg, sein Institut baut er systematisch zu einem Zentrum der Begegnungen mit anderen Kulturen und Religionen aus. In den kommenden Jahren treffen sich auch Spezialisten für Wirtschaft und Politik, für Konfliktforschung und Pädagogik. Küng scheut für sein neues Ziel keine Reise in andere Kontinente und wirbt bei öffentlichen Stiftungen Unterstützungsgelder ein. Wichtigste Basis für diese Aktivitäten bleiben jedoch das Studium und die wissenschaftliche Arbeit am Schreibtisch. Zwischen 1991 und 2004 erscheinen allein drei große Monographien zu den monotheistischen Religionen, wichtige Monographien und Veröffentlichungen seiner Mitarbeiter, anspruchsvolle Veröffentlichungen zu anderen Themen nicht mitgerechnet. Was sein Haus verlässt, ist so geschrieben, dass es immer wissenschaftlich verantwortet und korrekt, aber auch für eine breite Leserschaft verständlich ist. Auch nach Jahren seines Ausschlusses war es nicht gelungen, Küngs Einfluss und Renommee zu schmälern, ihn auf Irrtümer festzulegen oder zur Rücknahme von entwickelten Positionen zu zwingen.

Weitere folgenreiche Entwicklungen bleiben nicht aus. Wie in den Siebzigerjahren zu theologischen Fragen, so setzt seit 1989 bei den Fragen zum Religionsdialog eine Vertiefung ein. Küng hält an der UNESCO in Paris einen Vortrag zum Thema »Kein Weltfriede ohne Religionsfriede« sowie 1990 beim *World Economic Forum* in Davos (Schweiz) einen Vortrag zu ethischen Fragen der Ökonomie. Diese und andere programmatische Vorträge werden zu einem kleinen Buch gebündelt, dessen Titel die kommende Periode bestimmen sollte: *Projekt Weltethos*. 1995 ermöglicht es ein großzügiger Spender, die »Stiftung Weltethos« zu gründen, die seit seiner Emeritierung (1996) zu seiner Arbeitsbasis wird. Aber schon 1993 (ein weiterer glücklicher Zufall) erarbeitet er zusammen mit Angehörigen anderer Religionen für das »Parlament der Weltreligionen« in Chicago eine Erklärung, die zum klassischen Text der späteren Arbeit wird. Seine programmatische Grundausrichtung erhält das Projekt Weltethos jetzt mit den vier Weisungen, die allen Weltreligionen gemeinsam sind: Lebensschutz, Gerechtigkeit, Wahrhaftigkeit und Partnerschaft, alle vier in das Maß der Goldenen Regel integriert.

Dieses Modell überzeugt die Öffentlichkeit. Aus ihm ergibt sich eine uferlose Aktivität, die Küng auf Konferenzen, in Ausstellungen und bei persönlichen Begegnungen in Kontakt bringt mit Vertretern großer Kulturen und Religionen, der Weltwirtschaft und der Weltpolitik. Nicht vergessen sei die große Fernsehdokumentation (zugleich ein Multimedia-Projekt) »Spurensuche« zu den Weltreligionen in sieben Teilen, die zwischen 1995 und 2000 seinen großen Einsatz erfordert. Küng entwirft das Dreh-Konzept, reist mit einem Mitarbeiter und einem Fernsehteam durch alle Kontinente und hilft mit, dass das Material auch didaktisch und pädagogisch verwertet werden kann. Dabei kehrt er immer wieder an seinen Schreibtisch zurück; Tübingen bleibt das Zentrum seiner Tätigkeit. In einer Fülle von Studien und Publikationen wird – neben älteren, immer wiederkehrenden Themen – das Projekt Weltethos weiter ausgearbeitet. Er fächert seine Grundgedanken weiter aus: Es folgen das Thema der Menschenpflichten und der Pflichten von Institutionen, die Vermittlung der Weltethos-Thematik in den Schulen, Anstöße zur Ethik von Wirtschaft und Politik bis hin zu Vorschlägen zu einer friedensfähigen politischen Weltgestaltung. Neu und unerwartet ist das große Interesse, das dieses Projekt, ausgerechnet von einem Theologen inspiriert, außerhalb theologischer und kirchlicher Institutionen findet. Im Augenblick kann sich das Projekt Weltethos auch in anderen Ländern etablieren. Neben den Stiftungen in Deutschland, der Schweiz, in Österreich, Tschechien und Ungarn entstehen Weltethosinitiativen neuestens auch in Kolumbien und Mexiko; geplant sind Stiftungen in Brasilien und Kroatien. Intensive Kontakte bestehen mit Ägypten, Syrien und dem Sultanat Oman.

Ein Denkweg, in Büchern dokumentiert

Küngs Biographie und seine theologische Entwicklung sind eng ineinander verwoben und in seinen Publikationen gut dokumentiert; allein die Bücher umfassen etwa 15.000 Seiten, Artikel und Beiträge nicht mitgezählt.[1] Eine Beschäftigung mit ihnen erlaubt uns einen genaueren Einblick in die Beweggründe und Inhalte seines Schaffens. Einen ökumenischen Akzent setzt, wie schon gesagt, seine Dissertation zur Rechtfertigungslehre K. Barths *(Rechtfertigung* 1957). Küng kommt zum Schluss, dass die Rechtfertigungslehre die katholische und die evangelischen Kirchen nicht trennt. Schon in frühen Zeugnissen der Alten Kirche lässt sich entdecken, was Luther später in unser Bewusstsein zurückholte. Diese These erregt Aufsehen, aber auf katholischer Seite wird sie nur vorsichtig und zögerlich diskutiert, denn damals galt ganz allgemein: Die Kirchentrennung ist überwunden, sobald uns die Rechtfertigungslehre wieder eint. Vor diesem Ernstfall schreckte man zurück. So wird es immerhin zweiundvierzig Jahre dauern, bis 1999 die *Gemeinsame Erklärung zur Lehre von der Rechtfertigung* von Augsburg Küngs Vorstoß bestätigt – ein Ereignis, zu dem er nicht eingeladen wird. Aber Küng bleibt damals am Ball und arbeitet konkrete Einzelfragen auf. In seinen Vorbereitungsschriften zum Konzil vertieft und konkretisiert er die ökumenischen Perspektiven (*Konzil und Wiedervereinigung* 1960, *Strukturen der Kirche* 1962 und weitere Veröffentlichungen).

Das zum Klassiker gewordene Buch *Die Kirche* (1967) arbeitet einen breiten exegetischen Kenntnisstand sowie viele ökumenisch sensible, heute noch kritische Themenkreise auf. Jetzt endlich wird die Ökumene in der katholischen Kirchenlehre heimisch. Aber mit wachsendem Abstand vom Konzil kann dieses Buch auch als Gegenentwurf gelesen werden, weil es dessen vielfach domestizierte, in Kompromissen abgeschwächte Ansätze konsequent ausbaut. Wie also geht man in den Folgejahren mit diesem Konzil um? Wäre es nicht endlich an der Zeit, konkrete Schritte der Ökumene zu gehen? Wichtig unter den Folgeveröffentlichungen ist das von

Küng in Kooperation mit fünf anderen Universitätsinstituten erarbeitete Memorandum *Reform und Anerkennung kirchlicher Ämter* (1973). Es zeigt einen biblisch und systematisch begründeten Weg zu einem Amtsverständnis, in dem sich die beiden großen Konfessionen des Westens treffen können. In diese Zeit fallen auch Initiativen zur ökumenischen Abendmahlsgemeinschaft und zur Bischofswahl, zur Aufhebung des Pflichtzölibats und zur Zulassung der Frau zur Ordination, alles Forderungen, die heute dringlicher denn je geäußert und oft behandelt werden, als hätte man noch nie etwas davon gehört. Wichtig in diesem Versuch, die Erneuerung voranzutreiben, wird schließlich das kleine, aber folgenreiche Buch: *Unfehlbar? Eine Anfrage* (1970), in dem Küng – einer parlamentarischen Anfrage vergleichbar – mit Nachdruck um eine stichhaltige, auch exegetisch haltbare theologische Begründung zum päpstlichen Unfehlbarkeitsanspruch bittet. Oft wird Küng entgegnet, er überschätze die Unfehlbarkeitsfrage oder begreife deren wahre Hintergründe nicht. Man vermisst eine vertiefte hermeneutische Reflexion, übersieht aber, dass Küng in seine Hermeneutik schon längst Fragen von Interesse und Macht, der Rechtssetzung und der Ideologiekritik einbezogen hat. Seine Intervention lebt von der Überzeugung, dass die Ideologie der »ordentlichen« Unfehlbarkeit in Wirklichkeit die aktuelle Unbeweglichkeit des kirchlichen Regimes steuert und legitimiert. Was nämlich über einen längeren Zeitraum von der Gesamtheit der Bischöfe mit Nachdruck als Gottes Wille oder Wahrheit verkündet wird, ist nach dieser Lehre nicht revidierbar. In der Praxis kommt dieses Prinzip dem Leitsatz gleich: »Veränderungen grundsätzlicher Art sind vom Übel.« Es gehört zur Tragik der neuesten katholischen Kirchengeschichte, dass K. Rahner in einem falschen Verständnis von kirchlichem Glaubenssinn diesen Zusammenhang nie durchschaut und seinem Kollegen an diesem Punkt die Zustimmung entzogen hat. Rom ist ihm dafür dankbar.

Wie schon gesagt, stehen die Siebzigerjahre im Zeichen der zentralen Fragen nach Jesus Christus und nach Gott; genau besehen sind sie wichtiger als die Frage nach der Kirche. 1970 legt Küng das vielleicht schwierigste und komplizierteste seiner Bücher vor. Es setzt sich mit dem Christusbild und der Christusspekulation eines der ganz großen Philosophen der Neuzeit auseinander; die Monographie handelt von F. W. Hegel (*Menschwerdung Gottes* 1970). Viele Jahre lag das Manuskript nahezu abgeschlossen auf dem Schreibtisch. Schon 1964 hat Küng ein umfängliches Manuskript vorläufig beendet. Es analysiert Hegels Christusbild vor dem Hintergrund der klassischen Christologie, wie sie im Rahmen der Alten Kirche entwickelt, in den großen Konzilien des 4. und 5. Jahrhunderts in ihren Kernsätzen definiert, in Details immer weiterentwickelt wurde, aber in ihren Kernaussagen unverändert blieb. Hat Hegel mit seiner spekulativen Kraft dieser Christuslehre ihre endgültige Form gegeben, hat er also für neuzeitliches Denken maßgebend dargelegt, wie wir heute Gottes Menschwerdung denken können und müssen? Das Buch ist von großer Dramatik. Es folgt nicht nur der Entwicklung von Hegels Denken selbst, sondern auch allen Verästelungen dieses dialektischen Ansatzes, der selbst die Geschichte der Menschheit in den Prozess einbezieht. Durch die Menschwerdung geht Gott in die Geschichte ein, erfüllt sich die Geschichtlichkeit Gottes.

Und doch schließt Küng diese aufwendige Rekonstruktion nur ab, um in einem letzten Teil des Buches die Grenzen eines solchen Denkens aufzuzeigen. Küng betrachtet Hegels Konstruktion, so genial und so verführerisch sie auch ist, im Grunde als einen Irrweg, wenigstens für überholt. Er behauptet nicht einfach, dieses idealistische und in der Tradition so tief verankerte Konzept sei falsch; wer Hegel folgen will, möge das bitte tun (vorausgesetzt, er hat ihn verstanden).

Aber Küng legt zwei Bruchlinien offen. Die erste Linie verläuft zwischen diesem idealistischen, dem hellenistischen so kongenialen Denkgebäude einerseits und einem biblisch erarbeiteten Christusbild andererseits. Gemeint ist damit ein Bild von Jesus, dem Christus des Glaubens, wie es sich heute aus einem Schriftstudium ergibt, das die umstürzenden exegetischen Erkenntnisse des vergangenen Jahrhunderts ernst nimmt. Die zweite Bruchlinie verläuft zwischen dem idealistischen, im Grunde übergeschichtlichen, aus seinen griechisch-metaphysischen Wurzeln gespeisten Denken der klassischen Neuzeit einerseits und einer Epoche, die diese Metaphysik aus dem Blick verlor und die Wahrheit neu in der unmittelbaren, durch und durch geschichtlichen und empirisch fassbaren Wirklichkeit, in Begegnungen und Beziehungen findet. Vielleicht lässt dieses Buch besser als viele andere erkennen, aus welcher inneren (zutiefst »evangelischen«) Denkbewegung Küngs Arbeit gespeist wird, wie sehr er sich mit seiner eigenen Gegenwart auseinandersetzt und warum sich die offizielle, zum Umdenken aufgeforderte Kirche mit seinen Vorschlägen so schwertut.

Aber jetzt hat sich Küng eine Hypothek auf die Schultern geladen, die er möglichst bald einlösen muss. Niemand in seiner Umgebung weiß, wie er seine Arbeitskraft noch steigern soll, doch es scheint ihm zu gelingen. Er arbeitet sich durch den breit aufgehäuften exegetischen Stoff der Jesus- und der Christusfrage, konfrontiert ihn konsequent mit den aktuellen Fragen des christlichen Glaubens und entwickelt – ganz im Sinn einer »Christologie von unten« – ein aktuell verstehbares und überzeugendes Jesusbild, dessen historische Voraussetzungen auch historisch verantwortet sind, die Gestalt und die Gesetze der Erzählung respektieren. Er entwickelt Vorschläge, auf die wir in der Sprache des Glaubensbekenntnisses auch heute noch ohne intellektuelle Verbiegungen zurückgreifen können. Das Buch trägt den einfachen Titel *Christ sein* (1974). Es wird verstanden und zum Besteller, denn Küng setzt Jesu Geschichte (Botschaft, Praxis, Tod und Auferstehung) in das Spannungsgefüge damaliger und gegenwärtiger Kontexte. Er leugnet weder die göttliche Dimension der christlichen Botschaft noch verwirft er eine ontologische Reflexion, aber er besteht darauf, dass Jesus nicht einfach und undifferenziert als »Gott« und als ein Wesen apostrophiert werden kann, das vor allen Zeiten existiert. Er ist davon überzeugt, dass sein Denkangebot den Glauben an Jesus weder verflacht noch banalisiert, sondern vertieft und ihm eine neue Herausforderung verleiht. Die Unvergleichlichkeit Jesu, auch sein besonderer Charakter unter den Religionsstiftern, sind für Küng unbestritten. Für ihn ist das eine historisch nachvollziehbare und belegbare Aussage, keine im Glauben angenommene Behauptung, deren Bedeutung heute kaum noch zu vermitteln ist.

Dass diese Christusfrage nicht ohne die ergänzende Frage nach Gott zur Ruhe kommt, wird am Ende von *Christ sein* deutlich. Also muss eine zweite, ebenso große und anspruchsvolle Arbeit folgen. Nach vier Jahren neuerlicher Kärrnerarbeit folgt *Existiert Gott?* (1978). Hier wird die neuzeitliche Denkgeschichte der Gottesfrage Stufe um Stufe aufgearbeitet und analysiert, bisweilen im Rückgriff auf frühere Forschung, in vielem durch neue Analysen und Konzeptionen. Gerade die Auseinandersetzung mit den großen religionskritischen Entwürfen (Feuerbach, Marx, Nietzsche und Freud, Positivismus und anderen Ansätzen) zeigt: Gott lässt sich weder beweisen noch widerlegen. Er soll auch nicht bewiesen oder widerlegt werden, denn er führt unmittelbar zur Frage des Glaubens, das heißt eines fundamentalen Vertrauens, das eine innerste Freiheit eröffnet und nur aus ihr heraus geleistet werden kann. Küng spricht von einer inneren Rationalität, die mit der Rationalität des naturwissenschaftlich-mentalen Kalküls nicht deckungsgleich ist. Man könnte auch von einem inneren und höchst sensiblen Hinhören und Verstehen sprechen, in denen sich das Herz des Menschen der Wirklichkeit eröffnet (nicht ohne Grund spielen Pascals »Gründe des Herzens« bei dieser Überlegung eine wichtige Rolle). So formuliert dieses Gottesbuch zugleich eine umfassende Kritik an der modernen, technisch und von Machtinteressen verengten Rationalität, die für so viel Unheil gesorgt hat und von der Frankfurter Schule angeprangert wurde. Es ist zugleich das große Plädoyer für eine Versöhnung von Glaube und Vernunft, die neuerdings wieder im Zentrum des Interesses steht. Das Buch *Ewiges Leben?* (1982), konsequente Fortsetzung des Gottesbuches, bespricht dann eine wichtige Folge dieses vertrauenden Denkens. Es ist das durchaus vernünftige Vertrauen darauf, also die hinhörende und verstehende Entdeckung, dass mit unserem Tode nicht alles aus ist, sondern wir – so die Sprache des Glaubens - in die Hände Gottes fallen, als Sterbende in Gottes Gedächtnis aufgehoben sind.

Mit diesem Buch schließt Küng die Epoche der Siebzigerjahre ab. Zusammen mit *Christ sein* und *Existiert Gott?* versteht er dieses Werk als das letzte Buch einer Trilogie. Aus der Rückschau lässt sich auch sagen: Mit dem Buch *Die Kirche* und dieser Trilogie waren die zentralen Fragen des gegenwärtigen Christseins besprochen – solange man die neu aufgeworfenen Fragen ausklammert, die uns andere Religionen in einer Epoche wachsender Mobilität, Migration und kultureller Globalisierung stellen. Um sie wird es in der zweiten Hälfte, wenn man so will, dieses Theologenlebens gehen.

Auch Küngs Neuorientierung der Achtzigerjahre schlägt sich in einer intensiven Autorentätigkeit nieder. Hat er gezwungenermaßen der Theologie jetzt den Abschied gegeben und betreibt er nur noch Religionswissenschaft? Manche befürchten es, aber so einfach sollte man diese Wende nicht abtun. Sicher ist, dass sich Küng jetzt viel intensiver nach außen wendet. Zusammen mit Walter Jens macht er sich im Studium Generale der Universität Tübingen einen Namen. Von der Wissenschaftsorganisation aus gesehen wendet er sich mehr der Welt und säkularem Denken zu. Aber diese Interpretation täuscht. Gewiss, er wird zum Meister des Dialogs, konkret: der Dialogvorlesungen. Zur Sprache kommen Denker, Dichter und Musiker der Neuzeit. Er spricht (zusammen mit W. Jens) über Pascal, Gryphius, Lessing, Hölderlin, Novalis, Kierkegaard, Dostojewski und Kafka (*Dichtung und Religion* 1988), über Thomas Mann, Hermann Hesse und Heinrich Böll (*Anwälte der Humanität* 1989), ebenfalls zusammen mit W. Jens über Mozart, Wagner und Bruckner (*Musik und Religion* 2005) sowie in einem provozierenden Buch über die Frage des Sterbens (*Menschenwürdig sterben* 1996). Hinzu kommen ein kleineres Buch über wichtige Theologen (*Große christliche Denker* 1994), eine kleine Kirchengeschichte (*Kleine Geschichte der katholischen Kirche* 2001) und relativ spät ein weithin beachtetes Werk zum Verhältnis von Theologie und Naturwissenschaft (*Der Anfang aller Dinge* 2005).

Aber in dieser Wende nach außen gibt er die Theologie gerade nicht auf, vielmehr trägt er seine theologische Denkform in die Öffentlichkeit und lässt sich auf eine fruchtbare Auseinandersetzung mit der Kultur und ihren großen Leistungen ein. Er macht die Theologie wieder zur wirklichen, zur wirklich hörenden und sich wirklich mitteilenden Gesprächspartnerin. Die Wirkungen dieses – durch und durch theologischen – Denkstils sind noch nicht abzusehen. Man füge in diesen Rahmen nur noch das theologisch-literarische Werk seines Schülers K.-J. Kuschel ein, um den Reichtum der möglichen Erneuerung zu ermessen.

Ähnlich verhält es sich mit der Hinwendung zu anderen Religionen, die seit 1980 die kommenden Jahrzehnte bestimmt. Ist das eine Hinwendung zur Religionswissenschaft? Gewiss, religionswissenschaftliches Arbeiten und Wissen treten als Arbeitsmaterial jetzt stark in den Vordergrund, aber die im Grunde theologische Fragestellung, die Suche nach der Wahrheit, setzt sich immer wieder durch. Gerade dies zeichnet die Dialogvorlesungen aus, dass Religionswissenschaftler dem Theologen gegenübertreten, ihn herausfordern und dazu zwingen, dass er zwischen den Religionen zu vermitteln und neue Positionen zu formulieren lernt. Er gibt nicht die Theologie, wohl aber deren Beschränkung auf die christlichen Traditionen auf. Auf diese Weise entsteht eine offene Theologie der Religionen. Eine solche Meta-Ökumene wird sich auch darin bewähren, dass er die (kulturelle und religiöse) Basis der Wahrheitsfrage erweitert. Es beginnt eine Ökumene der Religionen, dies nicht zur Kritik oder zum Schaden einzelner Weltreligionen, sondern zu deren Verstehen und Wertschätzung sowie zur Erweiterung des eigenen religiösen Horizonts, denn auch die Religionen sind keine Inseln.

In zwei Büchern dokumentiert Küng den schon genannten Dialog und die Resultate seiner ersten Auseinandersetzungen mit den Religionen. Es sind *Christentum und Weltreligionen* (über Islam, Hinduismus und Buddhismus, 1984) sowie *Christentum und Chinesische Religion* (1988). Eine neue Dynamik des Denkens kristallisiert sich heraus, denn in diesen Begegnungen und in der Form eines weltweiten Erfahrungsaustauschs klären sich Küngs eigene Überzeugungen. In sich und in ihren Kontexten verortet zeigen sie sich nach wie vor als zutiefst theologische Texte zu Gott, Heil, menschlichem Geschick, Erlösung und Befreiung, Wahrheit und Güte, Ursprung und Ziel der Menschheit. Im Stil der Argumentation und Präsentation zeigen sie sich immer als persönlich verantwortete Folgerungen und Urteile, die Küng an ungewohnten Dokumenten und Phänomenen erarbeitet. Rückwirkend auf das real existierende Christentum führt dieser Denk- und Klärungsstil in regelmäßiger Abfolge zu kleineren Studien und Darlegungen wie *Die Hoffnung bewahren* (1990) oder *Credo* (1992). Auch jetzt verliert Küng den Kontakt zu seiner eigenen Kirche und christlichen Tradition nicht.

Doch bleibt im Wechselspiel des ständigen Austauschs – zwischen Theologie und Kultur, zwischen Christentum und anderen Religionen – sein Hauptinteresse konstant. Infolge der dramatischen weltpolitischen Änderungen von 1990 initiiert er das Forschungsprojekt: »Die religiöse Situation der Zeit«. Dieses Motto bildet den Horizont und Klärungswillen von zahlreichen Artikeln und Detailanalysen, aber auch der insgesamt drei Grundlagenwerke, die jetzt in langfristiger Folge entstehen. Sie handeln über *Das Judentum* (1991), *Das Christentum* (1994) sowie über den *Islam* (2004). Alle diese Monographien folgen derselben Methode, der Küng schon in den Siebzigerjahren auf die Spur gekommen ist. Er nennt sie »Paradigmenanalyse«.

In jeder der Religionen erarbeitet er zunächst eine Grundlage, die eine bleibende normative Kraft entwickelt, die sich durch alle Epochen durchhält und an der sich diese Religion immer wieder misst. Dann aber schält er die epochalen Umbrüche heraus, die sich in jeder Religion finden und zu einer Abfolge von Gestalten führen. Oft bleibt das vergangene Paradigma bestehen. Man denke für das Christentum nur an das Altertum, das Mittelalter und die Neuzeit, die sich auf die Gestalten der orthodoxen, der römisch-katholischen und der protestantischen Kirchen beziehen lassen (vergleiche die von H. Küng und D. Tracy herausgegebenen Bände *Theologie – wohin?* 1984 und *Das neue Paradigma von Theologie* 1986). In allen Religionen wird er fündig und immer entwickelt er ein eingängiges Schaubild, das den entscheidenden Überblick bietet. Diese typisierende und ordnende Methode macht es möglich, die jeweilige Tiefenstruktur und die unterschiedlichen Epochen einer Religion voneinander zu unterscheiden. Sie werden historisch erkennbar und es wird leichter, die Epochen der einen Religion mit der entsprechenden Epoche einer anderen Religion zu vergleichen – nicht etwa das mittelalterliche Paradigma des Islam mit der modernen, von der Aufklärung geprägten Periode des Christentums, sondern mittelalterlichen Islam mit mittelalterlichem Christentum. So wird historische Gerechtigkeit möglich.

Bis in die letzten Jahre hinein setzt sich diese Periode der Religionsstudien und des Religionsdialogs kontinuierlich fort. Aber 1989 findet, wie schon gesagt, eine qualitative Vertiefung statt. Wie in einem Brennglas kommt ein zentraler Aspekt in den Blick: Küng schreibt ein kleines Buch *Projekt Weltethos* (1990); damit verschreibt er sich einem Projekt, das bald Geschichte machen wird. Oft hat Küng schon aus seiner Intuition für neuere Entwicklungen heraus für das gehandelt, was gerade notwendig ist. Lange bevor man von der Renaissance der Religionen spricht, sieht er deren weltpolitische Stunde kommen. Angesichts der aktuellen Weltsituation mit ihren bedrohlichen Globalisierungseffekten wächst den Weltreligionen und ihrer Kooperation unerwartet eine eminent politische Bedeutung zu. Der Erfolg seiner Idee bestätigt ihn und ein inzwischen klassischer Text erzielt eine internationale Breitenwirkung. Unter Küngs intensiver Vorarbeit und mithilfe einer interreligiösen Arbeitsgruppe entsteht die *Erklärung zum Weltethos*, die 1993 vom »Parlament der Weltreligionen« in Chicago verabschiedet wird. Diese Erklärung macht verblüffend deutlich, wie weit der Konsens der Weltreligionen zu den aktuellen Überlebensfragen der Menschheit reicht. Es geht – in modernen Begriffen ausgedrückt – um Humanität

(Goldene Regel), Gewaltlosigkeit, Gerechtigkeit, Wahrhaftigkeit und Gleichberechtigung. Nur mit ihnen können wir einer human geordneten Weltgesellschaft und einem Weltfrieden näherkommen.

So verweist die Erklärung von Chicago auf »einen gemeinsamen Bestand von Kernwerten«, auf einen »Grundkonsens bezüglich verbindender Werte, unverrückbarer Maßstäbe und moralischer Grundhaltungen«, die in den Religionen schon lange leben. Zu aller Überraschung entdeckte man in allen großen Religionen nicht nur die Goldene Regel als gemeinsames Gut, sondern die genannten vier Weisungen, die sich erstaunlich leicht in die Gegenwart übersetzen lassen. Aus dem (1) Tötungsverbot lassen sich Gewaltlosigkeit und die Ehrfurcht vor allem Leben erschließen, aus dem (2) Verbot des Diebstahls die modernen Forderungen nach Solidarität und sozialer Gerechtigkeit entfalten. Das (3) Verbot zu lügen erhält im gegenwärtigen Medienzeitalter als Ablehnung von Manipulation und Korruption neue Dringlichkeit und die Brücken zu einer Kultur der Toleranz und Wahrhaftigkeit sind einfach zu schlagen. Manchen mag schließlich frappieren, wie viel das lange belächelte (4) Verbot der sexuellen Untreue mit den hochmodernen Forderungen nach einer Kultur der Gleichberechtigung und Partnerschaft, aber auch mit der Treue- und Fürsorgepflicht gegenüber Kindern, den Alten und den Schwachen zu tun hat. Die (5) Goldene Regel entpuppt sich aber als das alle Weisungen verbindende Humanitätsprinzip, dessen Bedeutung auch im säkularen Denken nicht bestritten wird.

Es ist keine Frage, dass sich dieses in Religionen weithin akzeptierte, gelebte und in die Haltung von Menschen übernommene Ethos auch säkular begründen und verstehen lässt. Deshalb ist die Zusammenarbeit der Religionen mit nicht religiösen Weltanschauungen ebenso erwünscht, wie eine säkulare Wirkung beabsichtigt ist. Allerdings ist die Stoßrichtung der Aussagen nicht zu verkehren. Hier werden die Religionen nicht auf fünf Schlagworte reduziert und zu moralischen Anstalten verkürzt. Es zeigt sich vielmehr, dass diese kulturintensiven Weisungen von enorm religiösen Energien getragen sind und dass die Religionen Weltgestaltung mobilisieren können. Gerade weil sie sich auf eine transzendente Wirklichkeit besinnen und Selbsttranszendenz ermöglichen, sind die Weltreligionen die wichtigsten Moralagenturen der Welt.

Selten gibt Küng ein Interessengebiet auf, dessen Tonlage er sich je erarbeitet hat. Auf allen Gebieten bleibt er am Ball. Doch trotz dieses vielschichtigen und weiterklingenden Konzerts konzentriert sich seine Arbeit unter der Inspiration dieser neuen Gedankenwelt jetzt auf einen einzigen Punkt, in dem die großen politischen, sozialen, wirtschaftlichen und kulturellen Fragen der Welt zusammenlaufen. So mündet seine Arbeit in eine ganz neue Vielfalt, wie die unterschiedlichen Titel seiner Publikationen zeigen. Nennen wir in aller Kürze drei Gruppen.

(1) Nach wie vor werden das Studium und eine intensive Kenntnis der Weltreligionen vorangebracht. Dazu gehört – neben den Monographien zu Christentum, Judentum und Islam – Küngs Multmediaprojekt *Spurensuche. Die Weltreligionen auf dem Weg* (1999), das sich auch in Schule und Fortbildung einsetzen lässt. Wichtig sind die umfangreichen Arbeiten u. a. zu den drei monotheistischen Weltreligionen und zum Hinduismus von den für die Stiftung Weltethos tätigen Mitarbeitern K.-J. Kuschel (u. a. *Streit um Abraham,* 1994, *Vom Streit zum Wettstreit der Religionen,* 1998, *Juden – Christen – Muslime,* 2007) und S. Schlensog (*Der Hinduismus,* 2006). Hinzu kommen zahlreiche Studien und Sammelbände zu den Weltreligionen, zur ethischen Erziehung und Ausbildung von Jugendlichen sowie zu ethischen Fragen in Gesellschaft,

Wirtschaft und Politik. Mit den Unterrichtsmaterialien von S. Schlensog und W. Lange (*Weltethos in der Schule,* 2007) liegt für den weltethischen Unterricht eine hilfreiche Materialsammlung vor. Hier wie an der umfassenden Bibliographie zur Frage des Weltethos zeigt sich auch, wie Küngs Arbeit allmählich von anderen übernommen wird, also weiterlebt.

(2) Die Idee des Weltethos muss in die bestimmenden Sektoren einer globalisierten Welt und Weltgestaltung hineingetragen werden: in die Wissenschaft, die Wirtschaft und die Politik sowie in die öffentliche Moral. Davon sprechen etwa die Dokumentationen *Wissenschaft und Weltethos* (1998), *Globale Unternehmen – globales Ethos* (2001) sowie *Wozu Weltethos?* (2002 und 2006), aber auch Küngs umfassende Arbeit *Weltethos für Weltpolitik und Weltwirtschaft* (1997), in der er die Erklärung zum Weltethos ausweitet und vertieft. Auf intensiver Zusammenarbeit mit Dritten beruhen der unter Küngs maßgeblicher Mitwirkung entstandene *Aufruf an unsere führenden Institutionen* des Parlaments der Weltreligionen in Kapstadt 1999 sowie die von H. Schmidt herausgegebene *Allgemeine Erklärung der Menschenpflichten* (1998).

(3) Das auf Initiative von Kofi Annan und unter Mitwirkung von H. Küng entstandene Manifest *Brücken in die Zukunft. Eine Initiative* (2001), das von den Grundgedanken des Projekts Weltethos inspiriert ist, zeigt, welche Außenwirkung die Arbeit am Weltethos zeitigen kann. Hier wird endgültig ein Schritt von der theoretischen Bearbeitung in die praktische Gestaltung politischer Wirklichkeit getan.

Für Küng sind Religionen (und Theologie) also eminent politische und kulturell prägende Angelegenheiten. In sich tragen sie nicht nur große Gewaltpotenziale, sondern auch mächtige Gestaltungskräfte für ein humanes Zusammenleben, für Frieden und Versöhnung. Im Projekt Weltethos ist also keine Nabelschau der Religionen angesagt, sondern die

Sorge um die Zukunft einer Welt, die – in militärischer, sozialer und machtpolitischer Hinsicht – ethisch aus den Fugen gerät. Das ist der Hintergrund des Programms, dessen Notwendigkeit Küng mit dem Ende des Kalten Kriegs (1945–1990) entdeckt und das er seit dem 11. September 2001 noch intensiver ausbaut. Der Religionsdialog ist unverzichtbar, weil sich die Menschheit angesichts einer bedrohten Zukunft über ein Weltethos verständigen muss. Weltethos (*global ethic*) meint keine theoretisch entfaltete Ethik (*ethics*), sondern ein Gesamt von »verbindenden Werten, unverrückbaren Maßstäben und moralischen Grundhaltungen«, das heute schon von ungezählten Menschen gelebt, zumindest anerkannt wird.

Zentrale Gedanken zur Theologie von Hans Küng

Die Vielfalt und Komplexität der Themen lässt es beinahe vergessen: Hinter diesem Werk steht eine einzelne Person. Was eigentlich will er? Wichtig für Verständnis und Interpretation von Küngs Leben und Werk sind deshalb seine Memoiren, von denen inzwischen zwei Bände vorliegen: *Erkämpfte Freiheit* (2002) und *Umstrittene Wahrheit* (2007). Im Sinne dieser Memoiren könnte man Küngs Wirken in zwei Schaffensperioden unterteilen, die der große Konflikt mit Rom voneinander trennt. Mehr Übersicht schafft eine Einteilung in vier Phasen. Eine jede wird von einem neuen Impuls initiiert, der sich zu den vorhergehenden addieren kann. Der Beginn einer neuen Phase bedeutet also nicht unbedingt das Ende der vergangenen; dies gilt vor allem für die dritte und vierte Phase. Doch schauen wir im Einzelnen:

Schon in seiner Jugend hat sich der Schweizer, den deutschen Nationalsozialismus vor Augen, intensiv für gesellschaftliche und weltpolitische Zusammenhänge interessiert. Das Studium in der Weltstadt Rom hat auch seinem theologischen Denken für immer einen weltweiten Horizont verliehen. Dieser Hintergrund prägt seine theologische Arbeit bis heute.

Erste Phase (ab 1957): Eine ökumenisch erneuerte Kirche

Diese Phase[2] steht im Zeichen der innerchristlichen Ökumene, die für ihn mit einer schriftgemäßen Reform der katholischen Kirche beginnt. Bei Karl Barth und der protestantischen Exegese lernt er, die Schrift als Quelle christlicher Identität ernst zu nehmen und die eigene Tradition neu in ihrem Horizont zu lesen. Die Impulse des 2. Vatikanischen Konzils (1962-1965) bestätigen die ökumenischen Ziele, die er seit seiner Dissertation verfolgt. So erarbeitet er als erster katholischer Theologe eine umfassende Kirchenlehre, die konsequent von der Schrift inspiriert ist. Kirche versteht er primär als von Gott berufenes Gottesvolk. Dieser Titel wird ihm zum Programm. Dabei bleibt Kirche immer ein Provisorium; sie handelt weder aus noch für sich, sondern hat der Botschaft und Sache Jesu nachzufolgen und sich dem Reich Gottes unterzuordnen.

Alle institutionellen Fragen, die in der katholischen Kirche eine hohe Eigengesetzlichkeit und Eigendynamik entwickelt haben, sind von diesem Ziel her zu beantworten. Ökumenisch sensible und bald umstrittene Themen sind: das Verhältnis von Schrift und Tradition, die Frage der Kirchengründung, Bedeutung und Interpretation der Eucharistie, eine fundamentale Neubesinnung auf Priestertum und Hierarchie, auf das Papsttum und den römischen Zentralismus, auf die Schuldgeschichte der katholischen Kirche gegenüber Häretikern und Juden. Hinzu kommen bald die Forderung der gegenseitigen

Anerkennung kirchlicher Ämter, die ökumenische Abendmahlsgemeinschaft, die Einführung demokratischer Elemente (insbesondere der Bischofswahl), die Ordination von Frauen sowie die Abschaffung des Zölibats. Bis heute ist keiner dieser Desiderate befriedigend erfüllt.

Angesichts der innerkirchlichen Stagnation verengt die allgemeine Diskussion diese Reformfragen zunächst auf Sekundärprobleme wie etwa den römischen Unfehlbarkeitsanspruch. Leider wurden die methodischen Hintergründe und Konsequenzen übersehen, die sich aus Küngs Interventionen für eine christliche Theologie und Kirchenkritik ergeben. Dies zeigt die oben besprochene Hegelmonographie. Sie ist u.a. wichtig wegen dieser methodischen Klärungen. Die griechische Metaphysik (von Platon bis zum Idealismus) denkt im Kern ungeschichtlich, vernachlässigt die Bedeutung der Erinnerung und des Erzählens, kann Person und Sache Jesu deshalb nicht angemessen zur Sprache bringen. Die klassische, metaphysisch eingefärbte Christologie wird nicht einfach negiert, aber Küng relativiert deren hellenistisch-metaphysische Gestalt und eröffnet für das biblische Christusbekenntnis einen neuen Raum. Da sich das kirchliche Lehramt mit dieser zeitlich relativierten Christologie vorbehaltlos und autoritär identifiziert, ebnet Küng zugleich den Weg für eine systemkritische Hermeneutik, die sich grundsätzlich von der gängigen Hermeneutik einer alles versöhnenden und somit ineffektiven Ökumene unterscheidet; ihre Auswirkungen waren in der Unfehlbarkeitsdiskussion schon zu sehen.

Zweite Phase (ab 1970):
Eine weltoffene Sprache des christlichen Glaubens

Weitere Klärung bringen die genannten Bücher zu Christsein und Gottesglaube. Von seinen Hegelstudien belehrt, transponiert Küng Gottes Wahrheit und Wille bewusst nicht in das ontologische System einer göttlichen und einer menschlichen »Natur«. Gott ist in Jesu Verkündigen, Handeln und Geschick unmittelbar gegenwärtig. Faktisch kann Küngs Christologie also die großen Formeln der Tradition übernehmen, aber in neuer Unmittelbarkeit deutet er sie vom Geschehen Jesu her. Das erfordert die behutsame Rekonstruktion der Jesusgestalt aus den biblischen Quellen, also immer auch aus dem reichen Material, das die wissenschaftliche Exegese seit Jahrzehnten erarbeitet hat. Neben E. Schillebeeckx hat Küng im katholischen Raum diese Arbeit zum ersten Mal in diesem Umfang und in systematischer Absicht geleistet. Er erschließt den Glauben an Jesus also nicht metaphysisch, sondern narrativ, erreicht damit die Menschen von heute und gibt dem Religionsunterricht, der Katechese und der Verkündigung wichtige Impulse. Christen, Interessierte und Schüler erhalten eine Antwort auf die entscheidende Frage, was heute Christsein ausmacht: »Das unterscheidend Christliche ist der Christus Jesus selbst.« Theologisch könnte man auch von der Wiedergewinnung eines wirklich menschlichen Jesus sprechen, den Christen als ihren Christus bekennen. Mit Nichtchristen können sie offen und unbefangen über diesen Jesus sprechen, ohne auch nur ein Stück ihres christlichen Glaubens aufzugeben. Die alte Sprachlosigkeit wird überwunden; das spätere Buch *Credo* stellt dies unter Beweis.

Aber der Kampf um diese Öffnung ist noch nicht zu Ende geführt, denn die Entfremdung unserer Kultur von ihren religiösen Wurzeln reicht tief. Zur Debatte steht neben dem Jesusbild das Bild von Gott. Deshalb rekonstruiert Küng in der zweiten großen Monographie die Gottesfrage. Er entdeckt in ihr eine umstrittene, aber spannende und unaufgebbare Schicksalsfrage der Neuzeit. Er analysiert die neuzeitliche Denkgeschichte (u. a. Descartes, Pascal, Hegel, Kierkegaard,

Feuerbach, Marx oder Freud) und präsentiert Nietzsches Nihilismus als die größte Herausforderung, auf die zu antworten ist. Gott ist, wie schon gesagt, zwar nicht beweisbar, und der Gottesglaube bleibt immer von Verzweiflung und Widerlegung bedroht. Aber ein grundlegendes Vertrauen in die Wirklichkeit macht es möglich, ein vorbehaltloses Vertrauen auf Gott in einem weiteren Schritt als eine Entscheidung zu begreifen, die durchaus sinnvoll, durchaus vernünftig und in sich konsequent ist. Wieder geht es darum, uns einer elementaren, innerlich teilnehmenden Rationalität anzuvertrauen, die wir Glauben nennen.

Im Rückblick wird klar: Diese beiden Bücher gehören nahe zusammen; sie ergänzen und erklären einander und beide leben aus dieser innerlich verstehenden Vernunft, von der sich auch die technische Rationalität der Neuzeit kritisieren und ein neuer Zugang zur Gegenwart finden lässt. Vielleicht konnte die kirchliche Hierarchie diese Unterscheidung nie akzeptieren, denn noch immer liegt ihr zu viel am rational unwiderleglichen Beweis ihrer eigenen »Wahrheiten« und ihres exklusiven Wahrheitsanspruchs. Deshalb mussten der beunruhigende Erfolg auch dieser Bücher und deren Folgen für das römische System zu dessen Reaktion führen, die Küng bis heute als Theologen erfolglos zu diskriminieren versucht. Dass Küng bis heute noch keine Minute an einen Austritt aus der katholischen Kirche dachte, zeugt von der inneren Konsistenz dieser Konzeption. Wer nicht wegen dieser Hierarchie zum Katholiken wird, tritt auch nicht ihretwegen aus dieser Kirche aus.

Dritte Phase (ab 1980): Entdeckung der Weltreligionen

Schon während des Konzils setzt sich Küng für eine Rehabilitierung des Judentums ein und fragt nach der Bedeutung der Weltreligionen[3]; später fordert er – in Abgrenzung von K. Barth – neben der innerchristlichen Ökumene eine Ökumene der Weltreligionen ein. Das folgt für ihn aus seinem biblisch-narrativen, zugleich systematisch reflektierten Ansatz: das christliche Überlegenheitsdenken ist zu relativieren. Küng schwebt jetzt eine Theologie vor, die einen unverstellten Blick auf andere Religionen ermöglicht, ohne damit einem Relativismus zu erliegen, denn weltweit erweisen sie sich als Orte vielfältigster, immer konkreter und oft gemeinschaftlicher Gotteserfahrung. Deshalb setzt Küng auf ein konkretes, sachkundiges und diskussionsfreudiges Gespräch, das die Kenntnisse anderer Religionen voraussetzt. Seit 1980 wird dieses Gespräch nachdrücklich intensiviert.

Für Küng ist dieser Neuansatz auch ein Test für die Grundlagen seiner bisherigen Theologie. In der Rückschau zeigt sich, dass dieses Experiment gelungen ist, denn seine an Schrift und aktueller Erfahrung orientierte Theologie erweist sich jetzt als tragfähig, hält also den Brückenschlag zu anderen Sinnsystemen aus. Einerseits kann er sich nach wie vor auf Jesus von Nazaret berufen und dessen unverwechselbare Geschichte und Botschaft erfolgreich im Gespräch der Religionen erproben. Dazu gehören die Beheimatung Jesu in Gott, seine in Gott gegründete mitmenschliche Solidarität und das damit verbundene, um der Menschen willen ertragene Scheitern. Andererseits versteht er den Gottesglauben als ein radikales Vertrauen in eine letzte und unaussprechliche Instanz, die Menschen ihre Würde gibt, sie von innen her bindet und alle irdische Wirklichkeit letztlich relativiert. Neu zu lernen ist aber, dass es Zeugnisse für einen solchen Glauben auch außerhalb des Christentums gibt. Mit dieser Überzeugung initiiert Küng das interreligiöse Gespräch. Er betreibt es weder empiristisch nach den Maßstäben einer unbeteiligten Phänomenologie noch vom Standpunkt eines überlegenen Christentums aus. Er initiiert dieses Gespräch als engagierter, von seiner Glaubenserfahrung berichtender, zur Selbstkritik bereiter Christ mit dem Willen, das Andere in anderen Religionen zur Kenntnis zu nehmen. In diesen Prozess des Kennen- und des Achtenlernens bezieht er alle Weltreligionen ein.

Interreligiöser Dialog geschieht also als ein bereichernder, bisweilen auch kritischer Austausch von Glaubenserfahrungen, die mitgeteilt und gehört werden. In keinem seiner Bücher nimmt Küng andere Religionen als Konkurrenten oder als Widerspruch wahr, sondern immer als Erweiterung und als Herausforderung des eigenen Glaubens. Von der buddhistischen Scheu vor dem Gottesnamen etwa haben wir ebenso zu lernen wie von der muslimischen Kritik an einer naiven Vergöttlichung Jesu, von der östlichen Konzeption des Mitleids ebenso wie vom jüdischen Bilderverbot. So lernt er, die Religionen differenziert zu betrachten. Im Verlauf der Jahre zeichnet er von ihnen immer komplexere Bilder. Systematisch spürt er in jeder Religion, wie schon gesagt, die epochalen Gestalten auf, die unser Weltgespräch mitbestimmen und konkret werden lassen, denn Angehörige einer Religion gehören immer einer bestimmten epochalen Ausformung an. Deshalb bereichert die Kenntnis der Religionen nicht nur unser Weltwissen, sondern konkretisiert auch unsere Kenntnis von Menschen.

Vierte Phase (ab 1989):
Einsatz für eine in Frieden versöhnte Menschheit

Zum ersten Mal kann man bei Küng von der Bildung einer Schule von Mitarbeitern reden, die das skizzierte Arbeitsmodell und dessen Ziele in großer Selbstständigkeit übernehmen. Zunehmend stehen die methodischen Impulse von Küngs Religionsforschungen nicht nur im Dienst theologischer und religionsvergleichender Analysen, sondern auch im Dienst der säkularen Öffentlichkeit. Mit wachsendem Nachdruck will er Einsichten vermitteln und durch Begegnungen Vertrauen schaffen. Der seit Jugend und Studium grundgelegte weltweite Horizont wird jetzt ausdrücklich thematisiert. Seit Beginn des »Projekt Weltethos« taucht in seinen Büchern konsequent das Motto auf: »Kein Frieden unter den Nationen ohne Frieden unter den Religionen. Kein Frieden unter den Religionen ohne Dialog zwischen den Religionen. Kein Dialog zwischen den Religionen ohne Grundlagenforschung in den Religionen.« Küng sieht in allen heute wichtigen Religionen letztlich einen einzigen Maßstab, der in ihnen wirkt und sie auch von außen her verstehbar macht.

Dieser Maßstab lässt sich mit dem Begriff der Menschlichkeit umschreiben. Wahre Religion ist immer eine Religion, die trotz aller Egoismen und Gewaltpotenziale auf das Wohlsein, auf Heil und Rettung von Mensch und Welt sowie auf eine (weltweite) Versöhnung der Menschen ausgerichtet ist. Aufgrund dieser Erfahrung ist Humanität für Küng kein areligiöser oder säkularer Begriff. Er hat schon in *Christ sein* eine wichtige Rolle gespielt und gehört neu zu Küngs großen Entdeckungen der Achtzigerjahre: Gerade als eine religiös motivierte Lebenspraxis kann sich Humanität intensiv entfalten, schließt aber säkulare Konzepte der Menschlichkeit nicht aus. Dieser Ansatz ist also keine unkritisch-humanistische Beigabe einer modernistischen Stimmung, sondern die Folge eines durchdachten Christus- und Gottesbildes.

Im Blick auf die Weltreligionen ist dieses Vorgehen von großer Tragweite. Küng holt so Religionen aus ihrer defensiven Selbstisolierung heraus und angesichts einer bedrohten Zukunft spricht er ihnen eine gemeinsame Verantwortung zu. Ferner werden die kulturellen und politischen Dimensionen der Religionen und ihrer Glaubensstile gestärkt. Umgekehrt sind alle Religionen an ihrer Fähigkeit zu messen, die bedrohte Weltzukunft mitzugestalten. Nach Küngs Überzeugung müssen Religionen dies nicht nur leisten, sondern kraft ihres (zutiefst humanen) Glaubens an Gott sind sie dazu auch imstande. Sie können dafür religiöse Motivationen und die unverzichtbare »Bekehrung des Herzens« schaffen, in der ein Bewusstsein letzter und endgültiger Verantwortung entsteht. Genau dies wird in den säkularisierten und hoch differenzierten Gesellschaften immer mehr verdrängt und fehlt ihnen immer mehr, weil ihnen ein selbstreferenzielles Pflichtbewusstsein immer mehr verloren geht. So pochen ihre Rechtssysteme immer einseitiger auf die Stärkung individueller Rechte.

Umgekehrt ist dieses Programm von großer Tragweite für die Zukunft einer versöhnten Menschheit, weil es die wichtigsten Arsenale aktiviert, die innerhalb der Kulturen das Handeln und Verhalten von Menschen beeinflussen. Die Angst, dieses Programm reduziere die Religionen auf eine Art moralischer Aufrüstung, ist unbegründet, denn es begreift die politische Potenz der Religionen als Ausfluss von Gottes Geist und als Machterweis des Gottesglaubens. Dieses Programm lässt sich nicht von der konkreten Begegnung mit allen Religionen abstrahieren, die im Projekt Weltethos weiterhin betrieben wird. Deshalb sind bei Küng und in der Stiftung Weltethos die dritte und die vierte Phase, wie hier beschrieben, eine untrennbare Symbiose eingegangen. Wie notwendig und fruchtbar die Arbeit an interreligiösen, auf den Frieden zwischen den Menschen gerichteten Begegnungen ist, lässt sich in Westeuropa täglich an den Problemen einer interkulturellen und interreligiösen Gesellschaft feststellen.

Es scheint, als hätte sich Küngs Schaffenskreis jetzt gerundet. Er begann seine Arbeit in der katholischen Kirche und für sie, diesem *global player*, dessen Einfluss in alle Kulturen hineinreicht und der deshalb eine weltweite Verantwortung trägt. Diese Arbeit setzte sich fort als Kampf für die Öffnung des christlichen Glaubens, damit sie in dieser Welt neu verstanden wird. Über die Religionen und deren Verantwortung in einer globalisierten Welt zeigt sich die ursprüngliche Frage jetzt in voller Entfaltung. Die Frage nach Gott gewinnt an Kraft, je mehr sie mit der Weltzukunft konfrontiert wird. Aber diese Konsequenz eines Lebensgangs zeigt sich erst im Rückblick. Umso erstaunlicher ist es, wie konsequent er gelang.

Küng und der theologische Diskurs des 20. Jahrhunderts

Seit fünfzig Jahren bestimmt Küng den Diskurs der katholischen Theologie in wesentlichen Fragen mit. Dazu gehören – in den ersten beiden Phasen seines Schaffens – die folgenden inhaltlichen und methodisch relevanten Beiträge: Ein ökumenisch offenes Gespräch über die Rechtfertigungslehre, ein biblisch und ökumenisch vertretbares Konzept von Kirche, die führende Rolle der Schrift in Kirche und Theologie, die historisch selbstkritische Aufarbeitung ökumenisch sensibler Themen wie Eucharistie, Ämterfrage und päpstlicher Primat. Seit 1970 gilt die Unfehlbarkeitslehre als ein hoch problematisches Thema, an das sich niemand mehr heranwagt, und neben E. Schillebeeckx hat, wie schon gesagt, niemand mehr eine vergleichbare, exegetisch konsequent verantwortete und narrativ geprägte Christologie geschrieben.

Damit sind Küngs Interventionen für die ökumenische Theologie eng verbunden. Sie betreffen die (biblisch und historisch begründete) Anerkennung kirchlicher Ämter und anderer Kirchen sowie die Neugestaltung des Papsttums. Nicht zu unterschätzen sind Küngs breit angelegte Aktivitäten zur Förderung kirchlicher Erneuerung im theologischen

Schrifttum, insbesondere seine Mitarbeit in der Zeitschrift *Concilium* sowie in der Bildung eines kritischen öffentlichen Bewusstseins (persönliche Interventionen, Initiativen, Unterschriftsaktionen), schließlich sein theologisch verantworteter und aufrecht durchgehaltener persönlicher Widerstand gegen die Kirchenleitung, sofern er ihm von der Schrift und den Menschenrechten her geboten erscheint.

Den nachhaltigsten Einfluss nimmt Küng als Protagonist für das interreligiöse Gespräch und für die Einbeziehung anderer Religionen in ein katholisch-ökumenisches Denken. Damit und mit dem Projekt Weltethos ist es ihm schließlich gelungen, der christlichen Theologie und den Religionen in einer säkularen Weltöffentlichkeit ein Gehör von großer Intensität zu verschaffen. Sein Auftreten vor der Plenarversammlung der UNO im November 2001 belegt dies ebenso wie die Zahl der Rednerinnen und Redner, die bisher nach Tübingen kamen, um dort die jährlich stattfindende Weltethosrede zu halten: Tony Blair, Mary Robinson, Kofi Annan, Horst Köhler, die iranische Friedensnobelpreisträgerin Shirin Ebadi, IOC-Präsident Jacques Rogge sowie Helmut Schmidt.

So lässt sich an Küng ablesen, wie interessant und wie einflussreich eine für die Welt offene Theologie sein kann. Die christlichen Kirchen würden gut daran tun, die von hier ausgehenden Impulse aufzugreifen und ihre Botschaft vorbehaltlos in den Dienst einer versöhnten Menschheit zu stellen.

Ausblick

Dieser Beitrag hat sich dem schwierigen und nie abschließbaren Versuch unterzogen, zum Werk eines langen, vielfältigen und von Konflikten durchzogenen Lebens eine Bilanz zu ziehen. Ist eine solche Bilanz überhaupt möglich? Natürlich kann es keine Bilanz der Buchalter sein, die auf Euro und Cent abzurechnen wissen, alles verrechnen, die Gewinne und Verluste in Endsummen einbringen und selbst diese noch miteinander aufrechnen können. Es sei nicht behauptet, in Küngs Theologie gäbe es keine Fehler, vielleicht Inkonsequenzen oder voreilige Schlüsse. Es ist wohl die Schuld seiner Widersacher, dass eine differenziert-kritische Auseinandersetzung mit seiner Theologie bislang nicht zustande kam, deshalb gab es darüber auch hier nichts zu berichten – noch nicht. Unter Küngs Widersachern gab es immer schon zwei Gruppen. Einerseits die massiv und in organisierten Schlachtfronten auftretenden Verteidiger kirchlicher Interessen, die in der Regel nur ihre eigene Unbeweglichkeit dokumentierten, und die Individualisten der Theologie, vor allem die Selbstdenker und Metakritiker unter ihnen, für die Küngs Aussagen nie an ihre eigene Denkhöhe heranreichten – eine Höhe, die allerdings kein normaler Christ mehr verstand.

So bleibt seinen Verteidigern zunächst nur aufgetragen, dabei mitzuhelfen, dass sein Werk nicht zwischen diesen Blöcken zerrieben wird. Wem ist das bislang gelungen? Der von vielen so hochgerühmte Athanasius, für viele der Retter des wahren Christusglaubens, verbrachte viel Jahre im Trierer Exil. Als Thomas von Aquin starb, war ein Inquisitionsprozess gegen ihn in vollem Gang. B. Pascal blieb zum Schluss seines Lebens nichts anderes übrig, als gegen den Papst an den Thron Christi zu appellieren; die Geschichte des genialen und höchst kirchlich gesinnten Theologen M. Luther ist hinreichend bekannt und Y. Congar, wenige Monate vor seinem Tod zum Kardinal ernannt, wurde jahrelang vom »Hl. Offizium« (der Vorgängerin der römischen Glaubenskongregation, die er in seinem Tagebuch mit der Gestapo verglich) gedemütigt und schikaniert.

Mit keinem der Genannten sei Hans Küng hier verglichen, aber man darf vermuten, dass der eigentliche Durchbruch, den er erzielte, für die philosophisch-theologische Reflexion noch nicht hinreichend erkennbar wurde. Vielleicht kann man wenigstens schon die Richtung benennen, in der dieser Durchbruch anzusiedeln ist. Dazu müssen hier zwei Stichworte genügen. Das erste lautet: Auszug aus dem Gehäuse der platonisch-aristotelischen Metaphysik, die unmerklich und unweigerlich zur Zwangsjacke religiösen beziehungsweise christlichen Redens geworden ist. Um das besser zu begreifen, gehe man bei P. Ricoeur, M. de Certeau oder bei E. Lévinas in die Schule (Otto Hermann Pesch mit seinen Lutherstudien und Carl-Friedrich Geyer mit seinen Studien zur Hellenisierung könnten dabei Wegbegleiter sein). Das zweite Stichwort lautet: Eintauchen in die Welt der Religionen und deren Vermögen, elementare und alles umgreifende Menschheitserfahrungen in eine angemessene Sprache zu gießen. Je mehr sich Küng mit ihnen beschäftigt, benennt er das, was der Welt Not tut, als seine eigene Erfahrung, also in einer Sprache, die ihn und seine Adressaten mit einschließt. Bleibt nur zu hoffen, dass er dieses Projekt noch einige Zeit fortsetzen kann. Vor diesem Hintergrund kann die Rezeption seines Denkens in Kirche, Theologie und Weltgespräch ruhig auf sich warten lassen.

Anmerkungen

1 Da die Bibliographie von Hans Küng auf der Website der Stiftung Weltethos außerordentlich detailliert und zuverlässig dokumentiert ist (siehe *www.weltethos.org*), werden in diesem Beitrag bei Publikationen nur der Haupttitel sowie das Erscheinungsjahr genannt. Ferner können nur die wichtigsten Publikationen genannt werden. Weitere Titel sowie die bisweilen komplizierten biblio-

graphischen Tatbestände (Neuauflagen und Übersetzungen in oft mehrere Sprachen, Herausgabe und Mitherausgabe von Sammelbänden und Dokumentationen) sind dort nachzulesen.

2 In keiner Schaffensperiode wird ein Endpunkt angegeben, weil Küng frühere Konzepte nie revidiert, sondern in die späteren aufnimmt. Deshalb lässt sich von einer ständigen Grenzerweiterung sprechen, die zu einer höheren Komplexität seines Denkens führt.

3 Vgl. H.Küng, »Christenheit als Minderheit. Die Kirche unter den Weltreligionen« (1965), in: J. Neuner (Hrsg.), *Christian Revelation and World Religions. The World Religions in God's Plan of Salvation*, S. 25-66.

Literatur

Die wichtigsten Bücher von Hans Küng sind im Text erwähnt; für genauere Angaben sowie eine umfassende Bibliographie siehe *www.weltethos.org*.

Sekundärliteratur

H. Häring, *Hans Küng. Grenzen durchbrechen*, Mainz 1998.

K.-J. Kuschel – H. Häring (Hrsg.), *Hans Küng. Neue Horizonte des Glaubens und Denkens*, München 1993.

K.-J. Kuschel – W. Jens, *Dialog mit Hans Küng*, München 1996.

R. Nowell, *Hans Küng. Leidenschaft für die Wahrheit. Leben und Werk*, Zürich 1993.

KURT OESTERLE

»Das Haus der Freiheit hat uns Gott gegründet«

(Friedrich Schiller)

Versuch über einen katholischen Theologen aus Tells Schweiz in Schillers Schwabenland

Zu Hans Küngs 80. Geburtstag am 19. März 2008

Lieber Jubilar,
verehrte Festgemeinde,

kein Wort ist in Hans Küngs Erinnerungswerk in Geist und Buchstaben so präsent wie das Wort »Freiheit«; allein in den Kapitelüberschriften des ersten Bandes kommt es mehr als ein Dutzend Mal vor. Freiheit ist das Element, mit dem hier das Schöpfwerk der Erinnerung betrieben wird.

Wenn aber die Freiheit einmal nicht im Wort anwesend sein kann, dann tritt sie in einer Zahl auf, genauer: in einem Datum, in dem sie für einen Schweizer gut aufgehoben ist, nämlich dem 1. August, an dem die Eidgenossen jedes Jahr ihre Bundesfeier begehen. Die Wahl dieses Tages geht auf den Bundesbrief von 1291 zurück, in dem die Waldstätten Uri, Schwyz, Nid- und Obwalden bekunden, sich zusammenzuschließen, um den Frieden im Inneren zu sichern und die Freiheit nach außen zu verteidigen – und mit dieser Freiheit eine frühe Form der Demokratie, nach der griechisch-antiken immerhin die zweitälteste in Europa, und, vom Mittelalter aufwärts, ringsumher ein Sonderfall, aber doch so attraktiv, dass bald schon andere Schweizer Orte dem Bund beitraten, als erster, im Jahr 1332, Hans Küngs Heimatkanton Luzern.

Das Datum des 1. August steht am Anfang und am Ende von Hans Küngs Autobiographie: einmal – 1. August 2002 – unter der Einleitung »Warum ich von meinem Leben erzähle«, dann, fünf Jahre später und dreizehnhundert Seiten weiter, unter der Danksagung an die Mitarbeiter. Das ist, an beiden

Stellen, kein kalendarischer Zufall, sondern eine Küngsche Freiheitssignatur und das Bekenntnis des global denkenden und handelnden Theologen zu seiner Heimat – so wie die Prägung durch seine schweizerische Herkunft längst in Hans Küngs weltweitem Tun erkennbar wurde, scheint er doch nichts anderes zu wollen als die gläubigen Weltbürger aller Religionen und Kontinente zum Schwur auf dem Weltethos-Rütli zusammenzurufen.

Mutterseelenallein weit draußen im See schwimmend verspüre ich am Anfang, besonders bei bedecktem Himmel, doch ein wenig Unbehagen beim Gedanken an die gewaltige Tiefe des Sees. Nein, ich bin kein Naturmystiker, der Gott im Wald oder auf dem See findet. Und für mich ist »Sursee« nicht der mit Lyrismen zu preisende Ort metaphysischer Erfahrung – wie für den Philosophen Theodor W. Adorno das Odenwaldstädtchen Amorbach oder für Martin Heidegger der »Feldweg« –, was auch mir die Gotteserfahrung ersetzen könnte. Aber ich kann es sehr wohl erleben, daß ich mich auf »meinem« See ganz und gar vergesse. Nirgendwo kann ich so wie hier diese Erfahrung machen: daß das Ich in einem größeren umfassenden Ganzen aufgeht und doch nicht zu einem Tropfen Wasser wird, sondern sich selber bleibt. Ungezählte Ideen, Gedanken, Einfälle sind mir, mich vergessend, im See gekommen. Und auch Gebete der Dankbarkeit.

Und so werde ich denn in diesem See all die Jahrzehnte und zu allen Jahreszeiten schwimmen und oft gleichzeitig meditieren und reflektieren. Am liebsten am Morgen früh im Sonnenlicht bei glattem, unberührtem Wasser. Aber auch bei grauem Himmel, oft in Regen und Sturm, wenn der See gekräuselt giftgrün mit weißen Schaumkrönchen zornig aufgepeitscht erscheint.

Am geheimnisvollsten ist der See bei Vollmond, im Winter oft ganz klar und weiß im Hintergrund die Alpen. Im Sommer in der Ferne die Warnlichter auf den Gipfeln, am anderen Ufer die sich spiegelnde Lichterkette der Dörfer. Oft werde ich da bis weit über Mitternacht auf meiner Terrasse schauen, lesen und schreiben: über mir die Milchstraße, besser zu sehen als in den Städten. Mein Haus genau in Nord-Süd-Richtung, durch die Dachluke meiner kleinen Schlafkoje der Polarstern.

Dafür, daß ich als Kind kaum Haustiere haben darf, werde ich später am See entschädigt: genug Tiere rund ums Haus. Und bisweilen auch unterm Haus: Füchse und Dachse. Die Haubentaucher sind die beständigsten Besucher unseres Seereviers, wo sie ihre Nahrung tauchend finden, größtenteils kleine Oberflächenfischlein. Große Fische, Balchen, Seeforellen, wenige Karpfen und auch Hechte, finden sich in größerer Tiefe.

»Es braucht auch einen Hecht im Karpfenteich«, wird der weise Luzerner Theologe und Mystikfachmann Otto Karrer sagen, um die besondere Funktion seines jungen Kollegen im Bereich der Schultheologie verständlich zu machen.

Hans Küngs Heimatort Sursee liegt am Sempacher See und gehört zum Luzerner Mittelland; hier sind die Temperaturen mild, die Höhen gemäßigt; fern ist, was Schiller das »furchtbare Gebürg« nennt. Dieser Landschaft ist Schweizer Freiheitsgeschichte tief eingeschrieben. Auf einer Linie von Sursee nach Südosten liegt Sempach mit dem Schlachtfeld von 1386, wo Winkelried den bäuerlichen Freiheitskämpfern seines Landes eine neue, siegreiche Taktik erfand; dahinter Küßnacht am Rigi, wo Tell mit gespannter Armbrust in der Hohlen Gasse auf den Landvogt Geßler wartete. Seit Jahrhunderten steht hier eine Tellskapelle, so wie drunten am Vierwaldstätter See, auf der Felsplatte, die Tell von Geßlers Schiff aus in fast unmöglichem Sprung erreichte, ebenfalls eine Tellskapelle steht – diese ist in einer hübschen Einlegearbeit auf einem Schrank abgebildet, den Hans Küng von seinem Großvater geerbt hat und den der Besucher beim Betreten des Küngschen Hauses fast zuerst erblickt: mitten in Tübingen eine Aussicht auf die Schweizer Berge, Tell mit Sohn Walter und den Urner See.

Wie kann, wie soll man dieses Land erfassen, das Innerschweiz oder Zentralschweiz genannt wird, sich selber als Urschweiz fühlt und das man, in leichter Übertreibung, auch eine Schweiz innerhalb der Schweiz nennen könnte? Höchstwahrscheinlich ist es das einzige Land der Welt, wo man einem Tyrannenmörder Kapellen errichtet hat.

Was sie noch ist, die innere Schweiz? Unbeirrbar katholisch! Als 1531 der Reformator Zwingli mit seinen Truppen aus Zürich heranzog, um das Land mit dem Schwert evangelisch zu stimmen, holte er sich einen blutigen Kopf. Und als kurz vor der Gründung der Schweizerischen Eidgenossenschaft 1848 in den Urkantonen der Verdacht aufkam, man werde in der neuen Bundesverfassung mit seinen kulturellen und konfessionellen Eigenheiten nicht genügend geachtet, riefen sie einen Sonderbund aus, der erst unter militärischem Druck, vor allem aber durch einige Verfassungsänderungen wieder aufgelöst werden konnte.

Der einzige Protestant, vor dem die katholischen Innerschweizer sich je verneigt haben, dürfte der Schwabe Friedrich Schiller gewesen sein, der ihnen ihr Nationaldrama gedichtet hat; es wurde, auch von den übrigen Kantonen, gern angenommen. Als Zeichen des Dankes ist der Schillerstein zu betrachten, der wie ein natürlich gewachsener Obelisk über zwanzig Meter aus dem Vierwaldstätter See ragt, beschriftet mit den in Goldbuchstaben gesetzten Worten: »Dem Sänger Tells, Friedrich Schiller. Die Urkantone«. Dieses Natur-Ehrenmal besteht seit der Hundertjahrfeier zu Schillers Geburtstag 1859.

Auch Gottfried Keller hat damals die Schillerfeiern im Schweizer Kernland besucht und in seinem Essay »Am Mythenstein« (so lautete der vormalige Name des Schillersteins) darüber berichtet – ein prachtvolles Prosastück, in dem der Zürcher Protestant die älteste, von vielen bereits für veraltet gehaltene Schweiz leidenschaftlich rehabilitiert; über die Bewohner der Urkantone schreibt er:

> *Sie sind so wenig idyllische Tugendhelden wie die übrigen Schweizer und haben schon allerhand Wüstenei begangen; aber sie sind doch die Bewahrer der ältesten noch lebendigen Form unserer Freiheit sowie eines religiösen Glaubens an Verteidigungsrecht und Kraft. Ihr theokratischer Zug geht nicht tief; sie sind weder Kopfhänger noch Fanatiker; ihr Katholizismus scheint hauptsächlich auf ihrem souveränen Staatsgefühl zu beruhen. Im Glanz ihrer früheren Tage war es ein Vehikel ihrer Herrschsucht, ihrer Regierungs- und Wirkungslust nach außen; heute ist es die Verteidigung ihrer Selbstbestimmung innerhalb ihrer Grenzsteine. Es ist rätlich für die übrigen Kantone, sie in der Behauptung des Eigentümlichen, das ihnen geblieben ist, zum Muster zu nehmen und sie darum zu ehren, statt mitleidig über sie hinwegzusehen.*

Der politische Zusammenhalt der Schweiz war auf Dauer stärker als alle Konfessionsunterschiede. Unverkennbar aber hat sich die Innerschweiz eine besondere Art erhalten, religiöse und politische Freiheit einander durchdringen zu lassen, auch wenn ihr Katholizismus nach 1848 nicht selten fortschrittsfeindlich und antimodern auftrat.

Die Schweizer Geschichtsschreibung unterscheidet einen römischen und einen freisinnigen Katholizismus. Zu welchem von beiden Hans Küng gehört, erscheint beim ersten Exempel aus seinem Leben eindeutig.

1967: Die Freiheit der Schweizer Bischofswahlen steht auf dem Spiel, eine in der gesamten katholischen Welt einzigartige Freiheit, die sich unter den günstigen Bedingungen der schweizerischen Entwicklung erhalten hat. In der Eidgenossenschaft wählt das Domkapitel, also der ortsansässige Klerus, den Bischof; Rom hat die Wahl nur zu bestätigen. Doch das ist der Kurie zu wenig, und bei der bevorstehenden Wahl im Bistum Basel will sie das übliche Verfahren unterlaufen und durch Vorabsprachen die Wahl eines vatikangenehmen Kandidaten sicherstellen.

Hans Küng erfährt davon und fühlt sich als »freier Christenmensch und als Patriot« herausgefordert. Sein Plädoyer für eine demokratische Wahl lässt er unter dem Pseudonym »Helveticus« erscheinen.

Das nächste Beispiel ist noch aussagekräftiger – geradezu gleichnishaft, weil es zeigt, wie großzügig der Freiheitsbegriff ausgestattet ist, nach dem Hans Küng lebt.

1973: In der Schweiz stehen Artikel der Bundesverfassung zur Abstimmung, die den Jesuiten Klostergründungen und öffentliche Tätigkeiten verbieten. Diese Artikel sind hundert Jahre alt und stammen aus der Zeit des Kulturkampfs zwischen Freisinnigen und Katholisch-Konservativen, die zumal in den Urkantonen ihr Beharren auf einer geistlichen Schulbildung nie ganz aufgegeben haben. Die Jesuiten sind auch in der Schweiz strenge Streiter für die päpstliche Unfehlbarkeit; ihre Gegner wollen die Jesuiten schlagen, um den Papst zu treffen – darum fordern sie, dass die antijesuitischen Artikel beibehalten werden.

Hans Küng entzieht sich einer öffentlichen Parteinahme nicht. Die Gegner der Jesuiten berufen sich auch auf ihn, den Kritiker des römischen Zentralismus. Doch sie werden enttäuscht. Hans Küng nennt, was ein Jahrhundert zuvor verständlich war, heute unverständlich und diskriminierend. Wer für die Streichung der Verbote stimme, argumentiert er, der helfe, »einen Flecken« von der freiheitlichen Verfassung der Schweiz zu entfernen.

Meine Eltern meinen: »Du kannst wie alle aus katholischen Familien auf ein katholisches Internat gehen.« Doch ich bin grimmig entschlossen: »In einen solchen ›Kasten‹ gehe ich nicht!« Unterstützt von meinem Jugendpräses – einer war anders! – kann ich es durchsetzen: Ich darf an das im katholischen Milieu als »liberal« und »freisinnig« verdächtige Gymnasium der Kantonsschule nach Luzern. Jeden Tag fahre ich also nun mit dem Zug in unsere Kantonshauptstadt, von 1942 bis 1948. Faktisch bedeutet dies für mich die Absage an das katholische Bildungs-Getto, wie man es auch in der Schweiz im 19. und im ersten Drittel des 20. Jahrhunderts defensiv-reaktionär mit einem System katholischer Schulen und Kollegien aufgebaut hat – zur Abwehr des liberalen Zeitgeists. Es ist nach der Entscheidung zum geistlichen Amt meine zweite schwierige Entscheidung: Abschied vom intellektuellen, terminologischen, religiösen Getto-Katholizismus und Zuwendung zu einer offenen humanistischen Kultur.

Meine Freiheit habe ich mir (auch in sieben Jahren Rom) bewahrt und vertieft: ererbte Bürgerfreiheit wurde zu erworbener Gewissensfreiheit. Ich habe mich verändert, und bin doch ich selber geblieben, unverbogen und geradeheraus. Ein Kosmopolit durch all die vielen Kontakte, Reisen, Sprachen und doch verwurzelt in meiner Schweizer Heimat.

Zu unserem nationalen »Projekt« und meinem schweizerischen Wesen gehört nun einmal eine fast instinktive Abneigung gegen alle Diktatur in Staat, Kirche und Gesellschaft, gegen allen staatlichen Totalitarismus und kirchlichen Integralismus. Eine Widerständigkeit gegen die Anbetung auch kirchlicher Führer und die Vergötzung von Institutionen, ob Partei oder Kirche. Und ein Engagement, wenn es sein muß gegen rechts oder links, für Demokratie, Föderalismus, Toleranz und die Freiheit und Würde des einzelnen Menschen und der kleineren Gemeinschaften. Unser Ideal ist nun einmal bei allen Defekten die politische Freiheit ohne Führer und Geführte, ohne Herren und Knechte. Geßler-

Hüte, wer immer sie sich aufsetzt, und sei es ein Bischof, lösen bei uns noch immer Widerstand aus. Versteht man nun meinen Stolz auf eine zutiefst prägende Freiheitsgeschichte?

Während ich an meinem »Helveticus«-Artikel (zu den Schweizer Bischofswahlen) arbeite, rumort es unter der Betonplatte meines Seehauses: ein Dachs, der immer mehr heranschleppt und schlechten Geruch verbreitet. Drei Mitglieder der Jagdgesellschaft schicken ihre Jagdhunde in den Unterbau: ein wildes Gebell und Gerenne. Offensichtlich hat sich der Dachs an eine Wand gestellt und wehrt sich mit scharfen Zähnen und Klauen, bis der erste Hund mit einer blutigen Kratzspur mitten über die Schnauze und der zweite mit entzweigebissenem Ohr wieder ans Tageslicht kommen, während sich der dritte vor Angst zitternd zurückzieht. Wie doch ein einzelnes kämpferisches Lebewesen, gut ausgerüstet, auch gegen eine dreifache Übermacht ankommt!

So wie vermutlich nie seit dem Mittelalter wurde der Volksheld Tell in der Schweiz der Dreißiger- und Vierzigerjahre des vergangenen Jahrhunderts wieder aktuell, das heißt: notwendig und überlebenswichtig. Mit Hitlers Machtergreifung begann für die Schweiz, was Hans Küng »die Bedrohung unserer nationalen und personalen Freiheit« nennt. »Mehr als alles andere«, sagt er, »prägt dies meine frühen Jahre.« Schockerlebnisse setzen seinem Land, seiner Familie und ihm zu:

1934 die Ermordung des antinazistischen österreichischen Bundeskanzlers Dollfuß;

1938 der Anschluss Österreichs ans Deutsche Reich – ohne nennenswerten Widerstand der Angeschlossenen;

1939 der Überfall der Wehrmacht auf Polen und der Beginn des Zweiten Weltkriegs.

Die Schweiz, die letzte freie, unabhängige Insel Felsenburg in einem Meer ausufernder totalitärer Gewalt, fühlt sich – zu Recht – bedroht. Als die Deutschen 1940 nach ihrem »Blitzkrieg« gegen Frankreich in Paris einmarschieren, kommen den Eidgenossen die folgenden Landserverse zu Ohren:

Die Schweiz, die Schweiz, das Stachelschwein, die nehmen wir auf dem Rückweg ein!

Das Land rüstet sich zum Widerstand, militärisch, aber auch moralisch. Der Widerstandsgeist wird zunächst mit Symbolhandlungen geschärft: Fahnenübergaben oder Schützenfeste. Bei der Landesausstellung von 1939 bildet die überlebensgroße Statue eines Eidgenossen, der gerade kampfentschlossen seinen Waffenrock anzieht, einen Blickfang für Hunderttausende. Eine Heerschar Schweizer Knaben im Hirtenhemd, jeder eine Armbrust auf der Schulter, präsentiert sich den Besuchern. Und im offiziellen Festspiel tönt es von der Bühne:

Es starb der alte Tell.
Doch kommt ein neuer Vogt ins Land,
Da wachsen hundert Tellen wieder!

Das ist keine Folklore, sondern der Versuch, eine Tiefenerinnerung zu aktivieren. In der Tellssage ist davon am meisten angelegt, in ihr ruht der Freiheits- und Selbstbestimmungswille – jetzt muss er geweckt werden.

Hans Küng erblickt in Wilhelm Tell den mächtigsten Archetyp im kollektiven Unbewussten der Schweizer: Er spricht sogar von einem »Mythos«, aber von einem, der nicht künstlich am Leben zu erhalten, sondern »kritisch zu durchleuchten« sei, damit er nicht zur Tradition erstarrt, sondern seine »Potenz« wirksam bleibt. Ähnlich hat es schon Gottfried Keller gesehen, auch wenn er es anders ausdrückt:

Die Tellenschüsse
Ob sie gescheh'n? Das ist hier nicht zu fragen;
Die Perle jeder Fabel ist der Sinn,
Das Mark der Wahrheit ruht hier frisch darin,
Der reife Kern von allen Völkersagen.

Für Diktatoren kein Grund, Tellenschüsse nicht zu fürchten! Selbst Hitler, der Schillers Schauspiel lange als Führerdrama missverstand, begriff mit der Zeit dessen wahre Botschaft und ließ den »Tell« 1941 zuerst für die Bühne, dann als Schullektüre verbieten. »Ausgerechnet Schiller musste diesen Schweizer Heckenschützen verherrlichen«, so seine Worte im Tischgespräch.

Beide »Tell«-Verbote wurden nicht lange nach der Hinrichtung des Schweizers Maurice Bavaud im Zuchthaus Plötzensee erlassen. Bavaud, ein 22-jähriger Einzelgänger aus dem Waadtland und streng katholisch erzogen, hatte 1938 vor der Münchner Feldherrnhalle den Versuch gewagt, Hitler frontal mit einer Pistole aus der Welt zu schaffen. Er war gescheitert, weil plötzlich Hunderte von Armen zum Führergruß hochschnellten und ihm das Ziel verdeckten.

Im Tell findet die Schweiz eine zugleich tröstliche wie mitreißende Identifikationsfigur – und auf dem Rütli den Ort, sich ihrer selbst zu vergewissern.

Hans Küng erinnert sich:

Am 25. Juni 1940 ruft General Henri Guisan, der Oberbefehlshaber der Schweizer Armee, alle Offiziere vom Bataillonskommandeur aufwärts auf das Rütli zum Rapport. Hier auf der berühmten Bergwiese über dem Urnersee, wo nach der Sage der Bund der Urkantone beschworen wurde, versammelt er die Armeeführung: im Zeichen traditioneller Freiheit, Unabhängigkeit, Demokratie. Ohne den Gegner zu nennen, fordert Guisan ent-

schieden Widerstand gegen jeden Angriff von außen wie gegen Zweifel, Defätismus und Unterwerfung im eigenen Land. Schon wenige Wochen nach seiner Wahl hatte er an alle Soldaten den Befehl erteilt, daß Rückzug und Kapitulation ausgeschlossen sei, daß vielmehr bis zur letzten Kugel gekämpft werden müsse und wer keine Munition mehr besitze, den Kampf mit Bajonett und Messer fortzusetzen habe. Der General wird im Land sofort verstanden …

… und so hat es durchaus einen politischen Sinn und Zweck, daß unsere Schulen ein Jahr nach dem Rütli-Rapport 1941 allesamt zum 650. Geburtstag der Eidgenossenschaft zum Rütli reisen. Ich bin 13 Jahre alt. Auch die Schulen von Sursee fahren von Luzern aus mit einem großen Raddampfer über den See der »vier Waldstätten« zur Rütliwiese. Und mir, jetzt schon in der ersten Klasse des Gymnasiums, ist aufgetragen, jene entscheidenden Sätze des Schillerschen Rütlischwurs pathetisch und zugleich nüchtern vorzusprechen, damit sie alle Schüler in heiligem Ernst wiederholen:

Wir wollen sein ein einzig Volk von Brüdern,
In keiner Not uns trennen und Gefahr.
Wir wollen frei sein, wie die Väter waren,
Eher den Tod, als in der Knechtschaft leben.
Wir wollen trauen auf den höchsten Gott
Und uns nicht fürchten vor der Macht der Menschen.

Genau wie auf dem Theater wurde 1941 der Schwur den Versammelten jeweils in Doppelversen vorgesprochen – als hätte Schiller bei der 650-Jahr-Feier auf dem Rütli selbst Regie geführt! Hans Küngs Doppelvers lautete:

Wir wollen frei sein, wie die Väter waren,
Eher den Tod, als in der Knechtschaft leben.

Im »Tell«-Drama ist der Vorsprecher Pfarrer Rösselmann, der einzige und einzigartige Geistliche in Schillers schweizerischem Freiheitsdrehbuch, kein ängstlich-gekrümmter Kleriker wie der Klosterbruder in Lessings »Nathan«; nein, Rösselmann ist anders – obwohl er für einen Moment gefährlich doppeldeutig wird. Denn ebendieser Rösselmann hat den Verschwörern auf dem Rütli eingangs noch empfohlen, »Östreichs Hoheit« anzuerkennen!

Was sagt der Pfarrer?
Wir zu Östreich schwören?
Hört ihn nicht an!
Das rät uns ein Verräter,
Ein Feind des Landes!

Doch kurz darauf, als wäre nichts geschehen, spricht Rösselmann den Schwur vor, und die ihn eben noch gescholten haben, sprechen ihm ohne Zögern nach. Ausgerechnet der Doppeldeutige darf ins innerste Kraftfeld des »Tell«-Dramas führen! Ist das nicht merkwürdig?

Wollte Schiller in diesem Urschweizer Pfarrer das alte Dilemma der Kirche verkörpern, sich zwischen oben und unten, Herren und Knechten, Macht und Freiheit nie klar entscheiden zu können? Wollte er aus diesem Dilemma einen Ausweg weisen? In die Richtung, die bei Hans Küng »erkämpfte Freiheit« heißt: zuerst ererbt, dann durch die Welt gefährdet, schließlich im Kampf – und bestätigt vom eigenen Gewissen – noch einmal erworben?

Rösselmann hat sich am Ende entschieden und darf den Eidgenossen auf dem Rütli ihren zukunftsträchtigen Eid vorsagen – anrührend aber ist es, den noch sehr jungen Hans Küng des Jahres 1941 am selben Ort in Rösselmanns Vorsprecher-Rolle anzutreffen.

Ein Pfarrer auf dem Rütli – damit wird auch die religiöse Bedeutung des Bundes noch einmal bekräftigt:

Zu Beginn der Rütli-Szene entwirft Schiller detailliert wie nie ein Landschaftsbild: Über dem See ist eine ungewöhnliche Naturerscheinung zu sehen, ein Mondregenbogen oder, mit den Worten Klaus von Flües, »ein seltsam wunderbares Zeichen«. Dieser »Regenbogen mitten in der Nacht« kann kein Zufall sein, vielmehr ist er eine bewusste, gezielte Anspielung auf ein uraltes Bundeszeichen aus der Bibel – womit Schiller sagt: Der sich hier anbahnende Bund der Freien steht unter dem Segen Gottes. Ja, die Freiheit, zu der die Schweizer sich auf dem Rütli verbünden, ist gottgewollt. Dem von nun an sich selbst regierenden und verteidigenden Volk wird jenes Gottesgnadentum zuteil, das seit alters nur von Fürsten beansprucht werden durfte.

Schiller zeigt die Geburt der Freiheit als nationalreligiösen Akt – und dieser mag im katholischen Christentum der Urkantone lange am stärksten verankert gewesen sein, einschließlich jenes Widerstandsrechts, in dessen Geist auch Hans Küng aufgewachsen ist.

Tell spricht das neue, unerhörte Selbstbewusstsein in der ihm eigenen Schlichtheit aus, und zwar als er vor dem Volkskerker Zwing Uri steht, den die Schweizer sich unter habsburgischer Knute selbst errichten müssen; Tell sagt:

Was Hände bauten, können Hände stürzen.
Das Haus der Freiheit hat uns Gott gegründet.

Stauffacher gibt dieser fromm-naiven Sicht später, auf der Rütliwiese, noch eine Wendung ins Naturrechtliche. Seine Rede ist ohne Zweifel der älteste Rütli-Rapport der Schweiz.

Wir haben diesen Boden uns erschaffen
Durch unserer Hände Fleiß, den alten Wald,
Der sonst der Bären wilde Wohnung war,
Zu einem Sitz für Menschen umgewandelt …
Die Nebeldecke haben wir zerrissen,
Die ewig grau um diese Wildnis hing,
Den harten Fels gesprengt, über den Abgrund
Dem Wandersmann den sichern Steg geleitet,
Unser ist der Boden – und der fremde Herrenknecht
Soll kommen dürfen und uns Ketten schmieden
Und uns Schmach antun auf unsrer eignen Erde?
Ist keine Hülfe gegen solchen Drang?
Nein, eine Grenze hat Tyrannenmacht,
Wenn der Gedrückte nirgends Recht kann finden,
Wenn unerträglich wird die Last – greift er
Hinauf getrosten Mutes in den Himmel
Und holt herunter seine ewgen Rechte …
Der alte Urstand der Natur kehrt wieder,
Wo Mensch dem Menschen gegenübersteht –
Zum letzten Mittel, wenn kein andres mehr
Verfangen will, ist ihm das Schwert gegeben –
Der Güter höchstes dürfen wir verteidgen
Gegen Gewalt.

In seinen Erinnerungen benennt Hans Küng auch zwei Gefahren, die der Freiheit drohen können, das heißt, er gibt ihnen Namen – die Namen von berühmten literarischen Figuren: Kohlhaas und Gantenbein.

Die Chiffre Kohlhaas steht für eine Bedrohung, die aus der eigenen Persönlichkeit kommt. Fiat iustitia, pereat mundus! – Es geschehe Gerechtigkeit, und wenn die Welt daran zugrunde geht! –, so lautete der Wahlspruch des für Ungerechtigkeiten »höchst empfindlichen« jungen Hans Küng, der sich mit der Zeit indes auf »bessere Wahlsprüche« besann und sich, nach eigenem Bekunden, ein Kohlhaas-Schicksal ersparte.

Kohlhaas ist ein Tell, der das Augenmaß für Verhältnismäßigkeit verloren hat und in seinem Amoklauf schuldig und unschuldig nicht mehr unterscheidet. Die Schweiz hat aufgrund ihrer Freiheits- und Rechtsgeschichte keinen Kohlhaas hervorgebracht; es zeugt jedoch von intellektueller und mentaler Beweglichkeit, dass Hans Küng ihn im Spiel der Selbstreflexion als Drohbild einer entfesselten, nur noch selbstgerechten Freiheit ins Auge fasst.

Die Chiffre Gantenbein steht für eine andere Bedrohung, und diesmal geht sie vom Zeitgeist aus. »Identitätsprobleme à la Frischs Gantenbein waren meine Sache nicht«, lautet ein lakonischer Satz in Hans Küngs Erinnerungswerk. Angedeutet wird damit eine Thematik, die Max Frisch in seinem Roman *Mein Name sei Gantenbein* von 1964 entwickelt – gleichsam der Anti-Bildungsroman der noch weitgehend unpolitischen europäischen Epoche vor ’68.

Der Kernsatz des Gantenbein-Romans hört sich so an:

Jedermann erfindet sich früher oder später eine Geschichte,
die er für sein Leben hält.

Erfindung, nicht Erinnerung erzeugt diesen Jedermann. »Ich stelle mir vor«, so lautet denn auch seine dutzendfach ausgestoßene Weltformel.

Gantenbeins Welt ist ein nebeltrüber Limbo ewiger Gegenwart – und ohne Geschichte, sei es National- oder Weltgeschichte. Kein Wunder, dass ihr Schöpfer, Max Frisch, in vorderster Linie bei denen mitstritt, die Wilhelm Tell und das übrige Schweizer Freiheitspersonal nicht länger ernst nehmen und für wahr halten mochten, auch nicht in jener »Potenz«, die Hans Küng nach gründlicher Entmythologisierung für rettbar hält.

Kohlhaas und Gantenbein sind zwei von Hans Küng zurückgewiesene Gestalten, die wahre Freiheit eines Christenmenschen und Staatsbürgers zu verweigern oder zu verfehlen; beide scheuen die Mühe, ererbtes Gut immer wieder neu zu erwerben. So wird ein weiteres Mal deutlich, dass Hans Küng sich in der Geschichte der schweizerischen Selbstwahrnehmung auf einer mittleren Linie bewegt, auf der Gottfried-Keller-Linie; denn instinktsicher meidet er mit den Rollenangeboten Kohlhaas und Gantenbein genau das, was Keller Fanatismus und Kopfhängertum nannte und was er beides bei den Bewohnern der Urkantone zu seiner Freude nicht fand.

Natürlich weiß ich: Jede Geschichte, auch die meines Lebens, ist gedeutete Geschichte. Doch als Autobiographie ist sie von mir selber gedeutete Geschichte und hat so ihre eigene Authentizität.

Ich möchte selber noch zu Lebzeiten Legendenbildungen wehren, übelwollenden und wohlwollenden.

Bei solchem Erzählen muß es immer um die historische Wahrheit gehen, die es nicht zuläßt, daß Realität und Erfindung, Faktum und Fiktion verwischt werden. Es bedeutete für mich freilich eine Versuchung, als der australische Schriftsteller Morris West, Autor von Weltbestsellern wie »In den Schuhen des Fischers«, in den achtziger Jahren eigens nach Tübingen kam, um mich zu überzeugen, daß ich mich auf meinem zunehmend schwierigen Weg nicht mehr selber verteidigen könne und der dies gerne für mich tun wollte – durch einen »Roman vrai«. Aber ich hatte kein Interesse an einer Romanexistenz …

… und ich bin auch das Gegenteil eines Umberto Eco, der als »Philosoph der Vernebelung« seinem Romanhelden Baudolino den bischöflichen Rat gibt: »Willst du ein Mann der Schrift werden, so mußt du auch lügen und Geschichten erfinden können, sonst wird deine Historia langweilig.«

Die interessantesten Geschichten schreibt, weil sie wahr sind, vielleicht noch immer das Leben selbst.

Am Ende ein Ausblick – von Hans Küngs Jugend auf seine Gegenwart:

Freilich ist der Erwachsene dem Schweiz-Bild seiner frühen Jahre nicht verhaftet geblieben. Er hat es vielmehr umgeschaffen und dabei sogar versucht, seinem Land eine neue, notwendig erscheinende Identität zu entwerfen, die nicht weniger als die alte Identität in der Schweizer Freiheitsgeschichte begründet sein sollte.

Diesen Versuch hat Hans Küng unternommen, als er 1991, zur 700-Jahr-Feier der Eidgenossenschaft, die Gelegenheit erhielt, der Schweiz eine Geburtstagsrede zu halten. In dieser Rede distanziert er sich von jenem »Kult des eigenen Landes«, der einst, unter dem Druck der Nazi-Bedrohung, in der Schweiz betrieben wurde. Was damals richtig gewesen sei – die »Orientierung nach innen und nach rückwärts« –, sei heute falsch.

Und warum? Weil sich die Gesamtsituation der Welt, Europas und auch der Schweiz völlig verändert hat! Die Schweiz, die im Europa von 1941 ein erfreulicher Sonderfall war und mutig einen Sonderweg gegangen ist, steht heute in Gefahr, ein introvertierter und rückwärtsgewandter Sonderling zu werden. Wir müssen den Mut haben, die Grenzen alten Denkens zu sprengen – das aber geht nur, wenn die Schweiz eine neue, realistische Vision von sich selbst entwickelt.

Wenn das gelingt und wenn die Schweiz ihre »Orientierung« zurückgewinnt – indem sie etwa ihr Neutralitätsprinzip überdenkt –, dann könnte aus der lange auf sich bezogenen »Alpenfestung« sogar eine »europäische Pioniernation« werden ...

... und zwar deshalb, weil die Europäische Gemeinschaft als Makrokosmos erreichen möchte, was die Schweiz als Mikrokosmos schon vor anderthalb Jahrhunderten erreicht hat: eine echte Gemeinschaft verschiedener Völker, Sprachen, Kulturen und Konfessionen zu sein. Hier kann unser kleines Land eine große Arbeit leisten, nicht weil es besser ist als andere Länder, sondern weil es bereits seine Erfahrungen gemacht hat.

Der Erfahrungsvorsprung der Schweiz geht auf das Jahr 1847 zurück; damals, im Krieg mit dem Sonderbund der katholisch-konservativen Kantone, hat das Land eine blutige Lektion gelernt. Es war der letzte Krieg der Eidgenossen, und sie entdeckten in ihm, dass sie den Landfrieden nicht gewinnen konnten ohne den Konfessionsfrieden. Diese Entdeckung haben in Europa vielleicht auch andere gemacht – aber nur in der Schweiz wurde daraus so früh und so dauerhaft ein tragendes Element zur Bildung einer neuen Nation: einer Nation ohne Nationalismus.

»Kein Landfrieden ohne Konfessionsfrieden« ...
Das klingt doch wie ein fernes Echo der Weltethos-Maxime: »Kein Weltfrieden ohne Religionsfrieden«.

Nun ist das »Weltethos« kein Projekt zur Helvetisierung der Welt, obwohl es nicht das Schlechteste wäre, was der Welt passieren könnte! Aber von hier und heute aus lässt sich zumindest andeuten, dass auch das Projekt »Weltethos«, Hans Küngs Gegenwart und Zukunft, eine Wurzel in der Schweizer Freiheitsgeschichte hat.

Dieser Vortrag wurde gehalten an Hans Küngs Geburtstagsfeier am 19. März 2008; die Zitate wurden gesprochen von Michael Heinsohn.

HANS KÜNG

Den guten Kampf gekämpft

Eine Predigt

»Ich werde nämlich bereits geopfert, und die Zeit meines Abschieds steht bevor. Den guten Kampf habe ich gekämpft, den Lauf vollendet, den Glauben bewahrt. Jetzt endlich winkt mir der Kranz der Gerechtigkeit, den mir der Herr, der gerechte Richter, an jenem Tag geben wird – und nicht nur mir, sondern allen, die sein Erscheinen lieb gewonnen haben.«

2 Tim 4,6–8

Liebe Mitchristen,
liebe Zuhörerinnen und Zuhörer,

wenn man achtzig Jahre alt wird, erhält man viele Fragen: Sind Sie noch gesund? Wie fühlen Sie sich? Haben Sie Bandscheibenprobleme? Wie schlafen Sie? Für mich sind vor allem diejenigen Fragen aufschlussreich, die mir kluge Journalisten stellen:

Der eine fragt: »Reiben Sie sich manchmal die Augen über Ihr eigenes Leben? Ist es eher ein Albtraum oder ein wahr gewordener Wunschtraum geworden?« Meine Antwort: »Ich habe den schönsten Beruf der Welt und erkenne, trotz immenser Schwierigkeiten und Turbulenzen, eine Fügung an den entscheidenden Weichenstellungen meines Lebens.«

Ein anderer fragt: »Hat Sie die Krise damals (1979/80) beim Entzug der Lehrbefugnis wirklich an den Rand Ihrer Existenz gebracht?« Meine Antwort: »Die psychische und physische Beanspruchung war hoch. Ich hatte es mit dem riesigen Machtapparat der römischen Kirche zu tun. Es war eine

Schlacht auf theologischer, kirchenpolitischer und kirchenrechtlicher Ebene. Das hält ein Mensch nur schwer aus.«

Schließlich ein Dritter: »Schreckt Sie der Gedanke an den Tod?« Meine Antwort: »Nein. Der Gedanke an das Sterben hat mich seit eh und je beschäftigt. Auch für Theologen ist der Tod der letzte Ernstfall, über den man nicht verfügen kann. Ich rechne quasi ständig damit.«

Nun, das sind Interview-Antworten. Die können nur selten in die Tiefe gehen. Ich möchte aber in dieser Predigt doch etwas tiefer ansetzen und gemeinsam mit Ihnen überlegen, worauf es wirklich ankommt – im Leben und im Sterben.

Ich finde: Zunächst muss man die Dinge so realistisch sehen, wie sie sind: Das Leben ist ein ständiger Kampf. So viele Briefe habe ich erhalten, so viele Gespräche geführt, besonders seit der Veröffentlichung meiner »Erinnerungen« mit den Titeln *Erkämpfte Freiheit* und *Umstrittene Wahrheit*, in denen mir Menschen von ihrer eigenen Kampf- und Leidensgeschichte berichten.

So ist es nun mal: Wir können in diesem Leben den Kampf kaum vermeiden. Schon beim frühen griechischen Denker Heraklit von Ephesos findet sich das bekannte Wort: »Der Kampf ist der Vater aller Dinge.« Und Darwins Evolutionstheorie sieht alle lebenden Wesen dem »Struggle for life« unterworfen, dem »Kampf ums Überleben«. Wobei »Struggle« mehr meint als »Fight«, nämlich auch das Sichabmühen gegen alle Widrigkeiten des Lebens: ein Kämpfen und Sich-Wehren. Darum kommt auch der friedlichste Mensch nicht herum, so er nicht untergehen will.

Doch Sie wissen es selber: Es gibt auch Kämpfe, denen man besser ausweicht, die man besser vermeidet. Keine guten Kämpfe. Ich meine die harten und gnadenlosen Kämpfe in Wirtschaft, Gesellschaft und Privatleben. Sie werden aus ungehemmter Raff- und Machtgier geführt. Aber auch die

Kämpfe in der Politik, in der großen Politik vor allem. Schweigen wir in dieser Predigt lieber von den Kämpfen der selbstgerechten »Guten« gegen die in der »Achse des Bösen«, wie sie unter dem Vorwand eines »Kriegs gegen den Terror« geführt werden. In Afghanistan, Irak und Palästina führte dies zu einem »Terror des Krieges« mit Zehntausenden von Toten. Fürwahr keine guten Kämpfe!

Erfreulicherweise gibt es aber auch in unseren Tagen gute Kämpfe, selbst in der großen Politik: gegen Armut, gegen Hunger, gegen Unwissenheit.

Gute Kämpfe auch in der Kirche: für ein Christsein, das mehr am Evangelium Jesu Christi als am Kirchenrecht orientiert ist, für eine Erneuerung der katholischen Kirche, für die ökumenische Verständigung der christlichen Kirchen, für Frieden zwischen den Religionen und Nationen.

Gute Kämpfe in der Gesellschaft insgesamt: angesichts all der Skandale und der Erosion des moralischen Normbewusstseins in Wirtschaft und Politik der Einsatz für ethische Werte, Maßstäbe, Vorbilder, an die sich Menschen halten können. Überall – seien wir nicht voreingenommen – in allen Schichten und Lebensbereichen, Ländern und Kulturen gibt es Menschen und Gruppen, die »den guten Kampf kämpfen« und sich für eine gute Sache einsetzen, laut oder leise, je nach Fähigkeiten, je nach Möglichkeiten.

*

»Den guten Kampf habe ich gekämpft«: Ich habe Ihnen, meine lieben Mitchristen, diese Passage aus den paulinischen Briefen vorgelesen, weil die beispielhafte Kampf- und Leidensgeschichte des Paulus mich in meinen eigenen Kämpfen und Leiden immer wieder gestärkt und auch getröstet hat. Und ich mir denken könnte, dass er auch Ihnen in Ihren Kämpfen und Leiden Stärkendes und Tröstendes zu sagen hat. Dieser griechisch gebildete Pharisäer strenger Observanz aus der jüdischen Diaspora war aufgrund einer visionären Erfahrung des auferweckten Gekreuzigten in einer großen Lebenswende vom Christenverfolger zum Verkünder des Glaubens an Christus geworden.

Auf dem Apostelkonzil des Jahres 48 (Gal 2,1ff; Apg 15) hatte er gegen die gesetzesstrengen Jerusalemer Christenkreise durchgefochten, dass auch Heiden Zugang zum universalen Gott Israels haben können, und zwar – dies war der zentrale Streitpunkt – ohne dass sie vorher die Beschneidung und die für sie befremdlichen jüdischen Reinheits-, Speise- und Sabbatvorschriften übernehmen müssen. Der Glaube an Jesus Christus genügt. Denn Paulus hatte es an sich selbst erfahren, dass durch solche »Werke des Gesetzes« sein Verhältnis mit Gott nicht in Ordnung kam. Vielmehr nur aufgrund eines unbedingten Vertrauens auf den Gott der Gnade und Barmherzigkeit, wie er sich ihm in Jesus manifestiert hat. Also Rechtfertigung aus reiner Gnade durch vertrauenden Glauben und nicht durch gesetzliche Leistungen. Dem Apostel Paulus ist es somit zu verdanken, dass aus der kleinen jüdischen »Sekte« der Christen schließlich eine Weltreligion im ganzen Imperium Romanum werden konnte.

Das ging für Paulus nicht ohne schwere Konflikte ab. Gleich nach dem Jerusalemer Apostelkonzil kommt es in Antiochien, dem zweiten Missionszentrum neben Jerusalem, zur Konfrontation mit Petrus. Dieser, für die Judenmission zuständig, hatte aus Angst vor den aus Jerusalem gekommenen gesetzestreuen Judenchristen den Heidenchristen die Tisch- und Abendmahlsgemeinschaft aufgekündigt. Deshalb, schreibt Paulus später in seinem Brief an die Gemeinde von Galatien, »widerstand (ich) dem Petrus ins Angesicht, … weil er sich selber ins Unrecht versetzt hatte … und nicht den auf die Wahrheit des Evangeliums ausgerichteten Weg ging« (vgl. Gal 2,11-14).

Ein Text, der früher in der römisch-katholischen Liturgie selbst am Fest Peter und Paul nicht vorgelesen wurde.

Ja, wenn Sie seine relativ wenigen Briefe lesen, so stellen Sie fest, dass Paulus seine frohe Botschaft, sein Evangelium, oft mit kämpferischer Emotionalität und starker Rhetorik verkündet und verteidigt. Dass er bisweilen mit hochpolemischen Formulierungen, Ironie und Sarkasmus kämpft, allerdings ohne jeden Hass gegen Personen und ohne Ressentiments. Ja, dass er konfrontiert mit ungerechtfertigten Anklagen sich nicht scheut, sich seiner überragenden Leistungen und der erduldeten unvorstellbaren Gefahren und Leiden zu »rühmen«. Aber dabei erstaunlich: Der anhaltende Kampf und Leidensdruck vermögen die immer wieder durchbrechende Zuversicht, Hoffnung und Freude des Apostels nicht zu ersticken.

In der offensichtlich letzten Phase seines Lebens zeigt sich der Apostel zwischen zwei End-Optionen hin- und hergerissen: Soll er weiterleben und weiterwirken – oder soll er für sich den Tod wünschen (Phil 1,21-25)? Denn was ihn selbst betrifft, sieht er das Sterben durchaus als Gewinn, weil er dann, wie er an seine Philipper schreibt, »immer beim Herrn« (1,21) wäre. Aber um der Menschen willen, für die er als Verkünder der Botschaft da ist, bekennt er, will er doch lieber weiterleben und weiterwirken.

*

Sie können sicher mitfühlen, meine lieben Mitchristen, dass gerade kämpferische und leidgeprüfte Menschen die Sehnsucht ankommt, es möge doch der Lebens- und Leidenskampf einmal ein Ende haben. Ich kann zumindest jene schwer Leidenden verstehen, die lieber sterben möchten, als künstlich möglichst lang am Leben erhalten zu werden. Das Altwerden ist keine Krankheit, die man je besiegen könnte. Aber, werden Sie fragen, kann man im Altwerden ein Ziel haben? Ja, kann man sogar im Sterben ein Ziel haben, so dass das Leben bis an sein definitives Ende einen Sinn erhält?

Einmal wird für uns alle der Lauf vollendet sein, wird der Lebenskampf ein Ende haben. Manchen Menschen ist, wenn sie Glück haben, ein zufriedener Lebensabend beschieden. Und immer mehr Menschen werden hundert Jahre alt. Königin Elisabeth II. schreibt jedem Hundertjährigen einen Brief: Als sie 1952 Königin wurde, waren es 255 Briefe, im Jahr 2005 musste sie 4.623 unterschreiben. Aber wollen Sie denn wirklich hundert Jahre alt werden? Woher kommt in Amerika die Besessenheit, hundert Jahre alt zu werden? Die Antwort eines Arztes: »Es ist einfach, weil wir nicht wissen, was auf der anderen Seite ist.« In der Tat ist uns allen bei aller Lebensverlängerung eine unwiderrufliche Grenze gesetzt.

»Glaubst du denn wirklich daran«, fragte mich vor Kurzem eine nahe Verwandte, »dass mit dem Tod nicht alles aus sei?« Ich antwortete: »Ja, wahrhaftig, ich glaube es, aber ich kann dir keinen unwiderlegbaren rationalen Beweis in die Hand geben. Es gibt allerdings auch keinen rationalen Gegenbeweis, dass hinter dem schwarzen Tor des Todes – nichts ist, das Nichts ist.«

Sie verstehen: Es geht hier nicht um eine Frage des Wissens, sondern des Vertrauens. Ewiges Leben? Das ist ein überraumzeitliches Geheimnis, wie es ja auch den Anfang und Ursprung aller Dinge umgibt. Ein Geheimnis, so glauben wir, in dem sich die Gottheit selbst verhüllt. Ohne strenge Beweise, aber mit guten Gründen vertraue ich unerschütterlich darauf, dass auch nach der letzten Nacht dieses zeitlichen Lebens ein neuer Morgen in der Ewigkeit erfolgt. Nicht etwa wieder ein Erden-Raupen-Dasein in der Zweidimensionalität, in Drei- oder Vierdimensionalität. Vielmehr ein Leben in der Realdimension Unendlich, in Gottes ewigem Leben, schmetterlingähnlich in Freiheit und Schönheit.

Doch, Sie haben es bereits verstanden, meine Lieben, alles hängt hier am Gottesglauben! Wer an Gott glaubt, wird auch daran glauben, dass die Welt nicht aus dem Nichts kommt und dass nicht das Nichts den Sterbenden empfängt. Am Ende eines Menschenlebens steht die Erste-Letzte Wirklichkeit, der lebendige Gott selbst. Er hat uns Menschen schon in diesem endlichen Leben umfangen und getragen, und er erwartet uns in seiner Liebe und Unendlichkeit. Nur mit diesem Ziel vor Augen entsteht aus unseren vielfachen Lebenserfahrungen ein letzter Zusammenhang, ein Sinn im Leben und im Sterben. Und selbst den schlimmsten Fall in Betracht gezogen: Sollte es sich schlussendlich doch anders verhalten, was noch keiner je bewiesen hat und keiner je beweisen wird, so hätte ich, meine ich, auf dieser Erde doch jedenfalls ein besseres, sinnvolleres Leben gelebt als ohne diese Hoffnung. Die schon zu Paulus' Zeiten zitierte und praktizierte Losung der perspektivlosen Genussmenschen »Lasst uns essen und trinken, denn morgen sind wir tot« (1 Kor 15,32) ist auf die Dauer kein Trost und ist kein Halt.

*

Der eingangs zitierte Schrifttext stammt aus dem zweiten Brief an Timotheus. Er wurde von einem Paulus-Schüler geschrieben. Hier findet sich jene Passage, die man das »Testament« des Paulus nennt. Sie drückt gut aus, was den Apostel in der Gefangenschaft angesichts seines nahenden Abschieds von diesem Leben bewegt haben mag, ja, was auch mir, was auch Ihnen Halt und Geborgenheit zu geben vermag: »Den guten Kampf habe ich gekämpft, den Lauf vollendet, den Glauben bewahrt« (2 Tim 4,7). Mit Glauben sind nicht dekretierte Glaubensartikel, ist keine Rechtgläubigkeit gemeint, vielmehr das, was das griechische Wort »Pistis«, »Glaube«, ebenfalls ausdrückt: »die Treue, das Vertrauen«.

Angesichts der jedenfalls kommenden Stunde des Abschieds ein tröstliches Wort: Wir müssen nicht irgendwelche beruflichen, wissenschaftlichen oder sportlichen Leistungen vorweisen, um vor der letzten Instanz bestehen zu können. Wegen Fehlleistungen und unserem mannigfachen Versagen brauchen wir auch keine Angst zu haben. Es genügt, unser Vertrauen unerschütterlich auf Gott und seine Barmherzigkeit zu setzen. So werden wir vor ihm Gnade finden.

Dann erwartet uns – auch der Paulus des Timotheus-Briefes gebraucht das Bild des Wettlaufs – der Siegeskranz. Schon Aristoteles hatte hervorgehoben (Nikomachische Ethik I,VIII,9): »Wie aber in den Olympischen Spielen nicht die Schönsten und Stärksten den Siegeskranz erlangen, sondern die, die kämpfen; ... so werden auch die, die recht handeln, dessen, was zu leben schön und gut ist, teilhaftig.« Paulus in seinem »Testament« aber spricht vom »Kranz der Gerechtigkeit«: »Jetzt endlich winkt mir der Kranz der Gerechtigkeit.« Doch den verleiht mir nicht irgendein Preisrichter, und den verleihe ich mir auch nicht selber, indem ich mich mit Verdiensten kröne. Vielmehr ist es »der Herr, der gerechte Richter, der an jenem Tag den Siegeskranz geben wird«. Und er fügt hinzu: »Und nicht nur mir, sondern allen, die sein Erscheinen liebgewonnen haben.« (2 Tim 4,8)

Das alles, meine Lieben, verstehen Sie sicher nicht als Vertröstung auf ein Jenseits, sondern als Einweisung in das Hier und Heute im Zeichen der Freude am Leben. Die Lebensfreude des Christen ist eine andere als die des Nihilisten, für den mit dem Tod alles aus ist. Die Lebensfreude des Christen stammt aus der christlichen Hoffnung auf Vollendung. Das kann die Basis sein für eine heitere Tapferkeit in den Kämpfen des Lebens. Diese heitere Tapferkeit möchte ich Ihnen, meine Lieben, in welchem Lebensalter Sie auch stehen, allen Schwierigkeiten und Nöten zum Trotz wünschen, damit Sie den guten Kampf bis zum Ende kämpfen und den Lauf zum ewigen Ziel vollenden. So möge es sein. Amen.

Diese Predigt hielt Hans Küng am Sonntag, 27. April 2008, in St. Johannes, Tübingen, und am Sonntag, 8. Juni 2008, in seiner Heimatgemeinde Sursee/ Schweiz.

JÖRG ZINK

Ökumenischer Geburtstagsgruß

Rede zu Hans Küngs Achtzigstem,
gehalten am 8. Mai 2008
anlässlich eines Festakts des Landes
in der Villa Reitzenstein, Stuttgart

Verehrter Herr Ministerpräsident,
verehrte Festgäste, lieber Hans!

Bert Brecht sagt über Laotse, als der auf einem Ochsen reitend in die Einsamkeit des Gebirges aufbrach:

»Als er siebzig war und war gebrechlich
drängte es den Lehrer selbst nach Ruh,
denn die Güte war im Lande
wieder einmal schwächlich,
und die Bosheit nahm an Kräften
wieder einmal zu.
Und er gürtete den Schuh.«

Du bist zwar auch einer von den großen Weisen, aber im übrigen ist an diesen Versen alles falsch. Weder wirst du siebzig, noch bist du gebrechlich, noch drängt es dich nach Ruh. Weder ist es etwas Besonderes, dass die Güte im Lande schwächlich ist. Das war sie immer. Und die Bosheit hat noch nie etwas anderes getan als zuzunehmen. Ich habe auch nicht den Eindruck, dass du uns so satthast, dass du, auf dem Ochsen reitend, dich in dein heimatliches Gebirge zurückziehen willst. Und da das alles also nicht stimmt, feiern wir mit dir zusammen ungehindert deinen gesunden und tätigen Achtzigsten. Du wirst in diesen Tagen hoch gefeiert. Aber diese Klänge werden sich beruhigen. Ich singe dir hier also keinen Lobgesang. Unter Schwaben gibt es eine Regel für den Verbrauch von Lobreden:

»Mr soll am Sonndagmorge kein Honig esse, sonst hat mr die ganz Woch bäbbige Händ.«

Ich sage nur: Du bist für mich seit den Tagen des Konzils ein Zeichen der Hoffnung. Einer Hoffnung auf eine Kirche, die sich nicht als Verwaltung für die Wahrheit versteht, sondern als eine Gemeinschaft von Leuten, die auf Gottes Acker miteinander an der Arbeit sind. Für die unsere alten Konfessionen Fossilien sind aus irgendeiner theologischen Steinzeit. Ich denke heute noch beglückt an den Katholikentag vor fünfundzwanzig Jahren, auf dem wir mit zehntausend Menschen zusammen unser Fest feierten.

Du bist für mich von jeher das Bild eines freien Menschen. Freiheit dürfen wir von keiner Kirche erwarten und von keinem Staat. Freiheit müssen wir mitbringen, indem wir unsere Stimme erheben.

Ich habe manchmal den Eindruck, einer der Grundschäden unserer Kirchen sei der, dass wir von viel zu viel herkommen und auf viel zu wenig zugehen. Wir kommen aus zu vielen Gefangenschaften und fürchten uns zu sehr vor nicht kartografierten Wegen, die wir in Freiheit zu gehen hätten.

Aber du bist auch das Bild eines konservativen Menschen, wie ich es auch bin. Der Schwabe spricht über den Sinn einer konservativen Überzeugung so:

»Wer mit fuffzig kein Ranze hat,
der isch a Krüppel.«

Das heißt: Er bewahrt seine schmalen Jugendideale zu lang und findet nicht in die Fülle und nicht auf den Boden der Wirklichkeit. Wir sind beide an dem interessiert, was sich zu bewahren lohnt.

Wie konservativ wir sind, das haben unsere Kirchen nur noch nicht gemerkt. Interessiert daran, dass der Schatz im Acker nicht im Museum endet. Denn wir leben von diesem Schatz, und gerade, wenn wir alt werden. Karl Valentin hat einmal von der Würde des Alters so gesprochen:

»Heutzutag wird kei Mensch meh alt.
Die wo heut alt san, die san alle von früher.«

Richtig. Es hat viel Sinn, von früher zu sein und die Wahrheit zu bewahren, die am Anfang angesagt war. Man braucht durchaus nicht auf den Hund dieser Zeit zu kommen.

Dabei würden sich unsere Kirchen so wunderbar ergänzen. Meine württembergische Kirche hat ja zwei durchaus komplementäre Eigenschaften: Sie ist einerseits so bieder und so in sich gekehrt, wie es der Schwabe von seinem Haus sagt:

»Mei Häusle isch so eng,
dass es Milchhäfele sei Henkele inne habe muss.«

Sie ist auf der anderen Seite von einer altschwäbischen, offenen und freiheitlichen Liberalität. Mir hat schon mancher unter meinen Bischöfen erklärt, er habe mein Wort zum Sonntag ungern gehört, aber keiner hat mir je vorgeschrieben, was ich zu sagen hätte. Ich bin meiner Kirche von Herzen dankbar.

Deine Kirche, lieber Hans, hat etwas Bewundernswertes in ihrer weltweiten öffentlichen Präsenz. Aber es ist vielleicht doch manchmal die Mächtigkeit, mit der eine Ritterburg auf unserer Alb mit ihrem dicken Mauerwerk über die Landschaft hinschaut, und sich dabei von einem einsamen Hans Küng bedroht fühlt.

Aber ich habe Hoffnung. Wenn ich hundert Jahre vorausdenke, lieber Hans, dann sehe ich, wie sie dich heilig sprechen oder zum Kirchenlehrer erheben. Das ist schon Manchem so ergangen.

Dafür aber wirst du dann zu den richtigen Heiligen gehören. Was wir Protestanten ja nicht schaffen.

Hier auf unserer Erde hast du dich ein Leben lang im Orbit bewegt. Und sollte sich eines Tages der Mann im Mond bei dir melden, so wirst du gewiss mit dem nächsten fahrplanmäßigen Shuttle bei ihm sein und ihn in das auf dem Mond geltende Weltethos einweisen. Ich selbst habe in dieser Zeit immer nur treu und brav den schwäbischen Vorgarten geharkt. Und so oder ähnlich werden wir, wenn uns Gott die Gnade gibt, auch in den nächsten zehn Jahren unsere unterschiedliche Arbeit tun. Ohne Angst und so, wie Gott sie uns anweist. Goethe hat gesagt:

»Nur die Lumpe sind bescheiden.
Brave freuen sich der Tat.«

Es ist ja schon wahr. Wir werden alle zu Staub. Aber warum sollen wir nicht vorher noch ein wenig davon aufwirbeln, wenn er sich auf unsere Kirchen gelegt hat? Ich wünsche dir ein neues Jahrzehnt in fröhlicher Zuversicht und mit einem unverdrossenen Mut.

Hans Küng – Außenansichten

»Aber nun komme ich doch erst zur Hauptsache, nämlich dazu, Ihnen die große Freude auszusprechen, die ich an Ihrem Buche habe. Sie gilt zunächst schlicht der Offenheit und Entschlossenheit, in der Sie offenbar im Germanicum in Rom katholische Exegese, Dogmen- und Theologiegeschichte und von da aus als unerschrockener Eidgenosse auch meine Bücher studiert und sich mit dem Ihnen da begegnenden theologischen Phänomen auseinandergesetzt haben. Ich bewundere und lobe auch Ihre formale Kunst und die gute Sprache, in der Sie die Sache zum Vortrag zu bringen wußten. Was auch zu den vorhin angedeuteten Fragen zu sagen und welches auch die Aufnahme und der Erfolg Ihres Buches sein mag: es ist eine sehr beachtliche Leistung und die Arbeit, die Sie da getan haben, wird für Ihre priesterliche und wissenschaftliche Zukunft bestimmt nicht umsonst getan sein. Ich will Ihnen übrigens auch das nicht verschweigen, daß ich Sie im Blick auf Ihre ganze Haltung für einen Israelita, in quo dolus non est, halten möchte.«

Professor Karl Barth, Ein Brief an den Verfasser, in: Hans Küng, Rechtfertigung. Die Lehre Karl Barths und eine katholische Besinnung, *1957.*

»Donnerwetter« – Pause – »Donnerwetter« – Pause – »Donnerwetter!«

Professor Hermann Volk, späterer Bischof von Mainz und Kardinal, im April 1960 auf die Nachricht, sein Assistent Dr. Hans Küng werde auf den Lehrstuhl für Fundamentaltheologie an der Universität Tübingen berufen.

»Ich habe noch keinen getroffen, den Hans Küng vom Glauben abgebracht hat, wohl aber viele Suchende, Fragende und Zweifelnde, die er näher zum Glauben gebracht hat.«

Dr. theol. h.c. Erwin Teufel, Ministerpräsident des Landes Baden-Württemberg (1991–2005), anlässlich seiner Promotion zum Ehrendoktor der Katholisch-Theologischen Fakultät der Universität Tübingen.

»Fachhistoriker und Theologen, aber auch Neugierige und Interessierte ganz allgemein kommen bei der Lektüre mühelos auf ihre Kosten. Auf den mehr als 700 Seiten begegnet ihnen eine kaum überschaubare Fülle von Personen, Orten, Begebenheiten. Fast tausend Namen umfasst allein das Personenregister. Die biographische Sorgfalt, die Achtsamkeit selbst aufs Kleine und Kleinste lässt sich – zumal in einer Autobiographie – kaum noch steigern. Zur gewohnten Präzision und Schärfe der Argumentation kommt die Akribie der Aktenführung hinzu, aus der sich Küngs Biographik zu großen Teilen speist: Abläufe und Konflikte, vor allem das Verfahren der Glaubenskongregation gegen Küng, werden minutiös geschildert – manchmal fast wie in einem Gerichtsprotokoll. Gewiss, es fehlt ›die andere Seite‹, es fehlen, von Bruchstükken abgesehen, die vatikanischen und bischöflichen Quellen zum ›Gegenlesen‹. Doch bis sie vorliegen – wenn überhaupt –, kann es lange dauern – und bis dahin dürfte Küngs Sicht der Dinge mit ihrer Fülle von Details unangefochten die historische Szene beherrschen. (Auch in der Forschung gilt der Satz: Wer zu spät kommt, den bestraft das Leben.)«

Prof. Dr. Hans Maier, Präsident des Zentralkomitees deutscher Katholiken (1976–88) zu Hans Küngs Erinnerungen Bd. II Umstrittene Wahrheit *(2007).*

»Küng würde den Vergleich mit Paulus als anmaßend abwehren. Aber der Schweizer-Tübinger Gelehrte hat zweifellos ›apostolische‹ Autorität, als anerkannter Lehrer des Glaubens inzwischen fast dreißig Jahre lang ohne offizielle Lehrerlaubnis. Die Menschen hören ihm trotzdem gern zu und setzen sich mit ihm auseinander. Er kann überall, wo er hinkommt, auf ein kritisches Publikum zählen, das in großen Teilen höchst unzufrieden ist mit dem, was ihm vom kirchlichen Lehramt als übliches theologisches Angebot vorgesetzt wird. Küng redet den Leuten nicht nach dem Mund, aber er spricht vielen aus der Seele.

Wie kann es nur sein, fragt man sich, dass die Kirche einem ihrer Besten weiterhin die Rehabilitierung verweigert? Ist es doch ein Zeichen oberster Verstocktheit?«

Johannes Röser, Chefredakteur Christ in der Gegenwart *zum 19.3.2008.*

»Sie sind Ihren Weg Ihrem Gewissen gemäß gegangen, und davor habe ich Respekt. Ich darf aber sagen, dass auch ich den Weg des Gewissens gegangen bin und nicht nach Ämtern getrachtet habe, die mir zu schwer schienen und für die ich mich von meinen Gaben her auch nicht berufen wusste. Am Ende wird der Herr uns alle richten; seinem Urteil vertrauen wir uns an.«

Papst Benedikt XVI, Joseph Ratzinger, Brief vom 27. September 2007 zum zweiten Erinnerungsband Umstrittene Wahrheit.

»Es ist mir wirklich eine große Freude, Ihnen unsere herzlichsten guten Wünsche zu Ihrem achtzigsten Geburtstag zu senden. Sie sind sicher einer der führenden Theologen unserer Zeit, und Ihre Bücher, die in vielen Ländern berühmt sind, sind nun auch sehr populär in der russischsprachigen Welt. Sie erschienen in Russland zuerst in der Sowjetzeit und lösten lebendige Diskussionen über den christlichen Glauben sowie den interkonfessionellen und interreligiösen Dialog aus. Nun, da Ihre neuen Bücher ins Russische übersetzt werden, sprechen sie einen noch weiteren Kreis von Lesern an, die sich inspirieren lassen von Ihrer kritischen ökumenischen Theologie und Ihren Ansätzen zu einem neuen Paradigma und zu den Beziehungen zwischen Naturwissenschaft und Theologie.«

Dr. Alexej Bodrov, Moskau, Brief vom 19. März 2008

Bildteil

Prof. Dr. Hans Küng mit dem Rektor der Universität Tübingen, Prof. Dr. Bernd Engler, beim akademischen Festakt am 21. April 2008 anlässlich von Hans Küngs 80. Geburtstag.

Prof. Dr. Karl-Josef Kuschel
Vizepräsident
Stiftung Weltethos

Dr. Stephan Schlensog
Generalsekretär
Stiftung Weltethos

Das Team der Stiftung Weltethos; von links: Julia Willke M.A., Dr. Günther Gebhardt, Ute Wanner, Prof. Dr. Hans Küng, Prof. Dr. Karl-Josef Kuschel, Anette Stuber-Rousselle M.A., Dr. Stephan Schlensog

Hans Küng, Marianne Saur (rechts) und Lucie Engler (links) beim Festakt an der Universität Tübingen

Prof. Dr. Hermann Häring, Tübingen

Dr. Kurt Österle, Tübingen

Dr. Jörg Zink,
Stuttgart

Verzeichnis der Autoren

Prof. Dr. Bernd Engler, geb. 1954, Professor für Amerikanistik, Rektor der Universität Tübingen.

Prof. Dr. Hermann Häring, geb. 1937, in Tübingen promoviert und habilitiert, jetzt emeritiert, 1980 bis 2005 Professor für Dogmatik, später für Wissenschaftstheorie und Theologie an der theologischen Fakultät der Universität Nijmegen (Niederlande).

Prof. Dr. Hans Küng, geb. 1928, bis 1996 Professor für ökumenische Theologie an der Universität Tübingen, seit 1995 Präsident der Stiftung Weltethos.

Prof. Dr. Karl-Josef Kuschel, geb. 1948, Akad. Direktor für Theologie der Kultur und des interreligiösen Dialogs an der Kath.-Theol. Fakultät, stellvertretender Direktor des Instituts für Ökumenische Forschung der Universität Tübingen sowie Vizepräsident der Stiftung Weltethos.

Dr. Kurt Oesterle, geb. 1955, freier Autor, Tübingen.

Dr. Stephan Schlensog, geb. 1958, Generalsekretär der Stiftung Weltethos, Tübingen.

Dr. Jörg Zink, geb. 1922, evangelischer Theologe, Pfarrer, Publizist und einer der bekanntesten Sprecher der Friedens- und Ökologiebewegung.

Bildnachweise

S. 31: *IKvu Information*, April 1990.
S. 32: *Kurier*, Wien, 21. Dezember 1979.
S. 33: *Rheinischer Merkur/ Christ und Welt*, 1. Februar 1980.
S. 34: *Tagesanzeiger*, Zürich, 22. Dezember 1979.
S. 35: *Irish Times*, Dublin, 18. April 1980.
S. 36: *Kölnische Rundschau*, April 1980.
S. 37: Quelle unbekannt.
S. 38: *David Levine*, New York, 1980 (Privatbesitz *Hans Küng*).
S. 39: Quelle unbekannt.
S. 40: *Times*, London, 8. Januar 1987.
S. 41: Quelle unbekannt.
S. 45: Basler Plakatsammlung.
S. 76: *El Pais*, Madrid, 8. Juli 2006.
S. 165: *Markus Niethammer*, Reutlingen.
S. 166 o/u: Privatbesitz *Stephan Schlensog*.
S. 167 o: *Stiftung Weltethos*.
S. 167 u: *Markus Niethammer*, Reutlingen.
S. 168 o: Privatbesitz *Hermann Häring*.
S. 168 u: *Manfred Grohe*, Kirchentellinsfurt.
S. 169: Privatbesitz *Jörg Zink*.

Wir haben uns um die Abklärung aller Bildrechte bemüht. Leider war dies nicht in jedem Fall möglich. Etwaige Rechtsansprüche bitten wir beim Piper Verlag geltend zu machen.

Bücher von Hans Küng

Christliche Existenz

Rechtfertigung. Die Lehre Karl Barths und eine katholische Besinnung, Johannes/Benziger 1957; Serie Piper 674.

Credo. Das Apostolische Glaubensbekenntnis – Zeitgenossen erklärt, Piper 1992; Serie Piper 2024.

Menschenwürdig sterben. Ein Plädoyer für Selbstverantwortung (mit W. Jens und Beiträgen von D. Niethammer u. A. Eser), Piper 1995; Serie Piper 2329.

Kirche und christliche Ökumene

Konzil und Wiedervereinigung. Erneuerung als Ruf in die Einheit, Herder 1960.

Strukturen der Kirche, Herder 1962; Serie Piper 762.

Kirche im Konzil, Herder 1963.

Die Kirche, Herder 1967; Serie Piper 582.

Wahrhaftigkeit. Zur Zukunft der Kirche, Herder 1968.

Was ist Kirche?, Herder 1970; Gütersloher-TB 181.

Unfehlbar? Eine Anfrage, Benziger 1970; Serie Piper 1016.

Fehlbar? Eine Bilanz, Benziger 1973.

Katholische Kirche – wohin? Wider den Verrat am Konzil (mit N. Greinacher), Piper 1986; Serie Piper 488.

Die Hoffnung bewahren. Schriften zur Reform der Kirche, Benziger 1990.

Die Frau im Christentum, Piper 2001; Serie Piper 3327.

Kleine Geschichte der katholischen Kirche, Berliner Taschenbuch Verlag 2001.

Theologische und christologische Grundlagen

Menschwerdung Gottes. Eine Einführung in Hegels theologisches Denken als Prolegomena zu einer künftigen Christologie, Herder 1970; Serie Piper 1049.

Existiert Gott? Antwort auf die Gottesfrage der Neuzeit, Piper 1978; Serie Piper 2144.

24 Thesen zur Gottesfrage, Piper 1979; Serie Piper 171.

Christ sein, Piper 1974; Serie Piper 1736.

20 Thesen zum Christsein, Piper 1975; Serie Piper 100.

Ewiges Leben?, Piper 1982; Serie Piper 364.

Freud und die Zukunft der Religion, Piper 1978; Serie Piper 709.

Große christliche Denker, Piper 1994; Serie Piper 2283.

Der Anfang aller Dinge. Naturwissenschaft und Religion, Piper 2005.

Weltökumene

Jesus im Widerstreit. Ein jüdisch-christlicher Dialog (mit P. Lapide), Calwer/Kösel 1976.

Christentum und Weltreligionen. Hinführung zum Dialog mit Islam, Hinduismus und Buddhismus (mit J. van Ess, H. v. Stietencron, H. Bechert) Piper 1984; Serie Piper 1908/2055/2130.

Christentum und Chinesische Religion (mit J. Ching), Piper 1988; Serie Piper 2738.

Spurensuche. Die Weltreligionen auf dem Weg, Piper 1999; Serie Piper 4292, 4293, 5167; 7 DVD Komplett-Media; CD-ROM Stiftung Weltethos.

Die heiligen Schriften der Welt, (Hrsg.), Hugendubel 2005.

Weltliteratur und Musik

Dichtung und Religion. Pascal, Gryphius, Lessing, Hölderlin, Novalis, Kierkegaard, Dostojewski, Kafka (mit W. Jens), Kindler 1985; Serie Piper 901.

Theologie und Literatur. Zum Stand des Dialogs, (mit W. Jens und K.-J. Kuschel), Kindler 1986.

Anwälte der Humanität. T. Mann – H. Hesse – H. Böll (mit W. Jens), Kindler 1989, Serie Piper 1267.

Mozart – Spuren der Transzendenz, Piper 1991; Serie Piper 1498.

Musik und Religion. Mozart – Wagner – Bruckner; Serie Piper 4607.

Kunst und Sinnfrage, Benziger 1980.

Die religiöse Situation der Zeit

Theologie – wohin? Auf dem Weg zu einem neuen Paradigma, (mit D. Tracy), Benzinger 1984; Gütersloher Verlagshaus 1984.
Das neue Paradigma von Theologie. Strukturen und Dimensionen, (mit D. Tracy), Benzinger 1984; Gütersloher Verlagshaus 1984.
Theologie im Aufbruch. Eine ökumenische Grundlegung, Piper 1987; Serie Piper 1312.
Das Judentum, Piper 1991; Serie Piper 2827.
Das Christentum. Wesen und Geschichte, Piper 1994; Serie Piper 2940.
Der Islam. Geschichte, Gegenwart, Zukunft, Piper 2004.
Die Schweiz ohne Orientierung? Europäische Perspektiven, Benziger 1992.

Weltethos

Projekt Weltethos, Piper 1990; Serie Piper 1659.
Weltfrieden durch Religionsfrieden. Antworten aus den Weltreligionen, (mit K.-J. Kuschel), Piper 1993; Serie Piper 1862.
Erklärung zum Weltethos. Die Deklaration des Parlamentes der Weltreligionen, (mit K.-J. Kuschel), Piper 1993; Serie Piper 1958.
Ja zum Weltethos. Perspektiven für die Suche nach Orientierung, (Hrsg.), Piper 1995.
Weltethos für Weltpolitik und Weltwirtschaft, Piper 1997; Serie Piper 3080.
Wissenschaft und Weltethos, (mit K.-J. Kuschel), Piper 1998.
Globale Unternehmen – globales Ethos. Der globale Markt erfordert neue Standards und eine globale Rahmenordnung, (Hrsg.), FAZ-Verlag 2001.
Brücken in die Zukunft. Ein Manifest für den Dialog der Kulturen. Eine Initiative von Kofi Annan, (Hrsg.), S. Fischer 2001.
Wozu Weltethos? Religion und Ethik in Zeiten der Globalisierung, Herder 2002.

Dokumentation zum Weltethos, (Hrsg.), Piper 2002, Serie Piper 3489.
Friedenspolitik. Ethische Grundlagen internationaler Beziehungen, (Hrsg. mit D. Senghaas), Piper 2003.
Weltethos christlich verstanden. Positionen, Erfahrungen, Impulse, (mit A. Rinn-Maurer), Herder 2005.

Lebensbilanzen

Erkämpfte Freiheit. Erinnerungen, Piper 2002; Serie Piper 4135.
Umstrittene Wahrheit. Erinnerungen, Piper 2007.

Bücher zu Hans Küng

Diskussion um Hans Küng »Die Kirche«, hrsg. v. H. Häring – J. Nolte, Herder 1971.
Hans Küng. Weg und Werk. Chronik, Essays, Bibliographie, hrsg. v. H. Häring – K.-J. Kuschel, Piper 1978.
Um nichts als die Wahrheit. Deutsche Bischofskonferenz contra Hans Küng, hrsg. v. W. Jens, Piper 1978.
Der Fall Küng, hrsg. v. N. Greinacher – H. Haag, Piper 1980.
Gegenentwürfe. 24 Lebensläufe für eine andere Theologie, hrsg. v. H. Häring – K.-J. Kuschel, Piper 1988.
Hans Küng. Denkwege. Ein Lesebuch, hrsg. v. K.-J. Kuschel, Piper 1992; Serie Piper 5111.
R. Nowell, *Hans Küng – Leidenschaft für die Wahrheit*. Leben und Werk, Benziger 1993.
W. Jens – K.-J. Kuschel, *Dialog mit Hans Küng*. Mit Hans Küngs Abschiedsvorlesung, Piper 1996.
H. Häring, *Hans Küng. Grenzen durchbrechen*, Grünewald 1998.
K.-J. Kuschel – S. Schlensog (Hrsg.), *Hans Küng – eine Nahaufnahme*, Piper 2008, Serie Piper 5334.